ALL TOCHIGI ATHLETE MAGAZINE

SPRIDE
スプライド特別号

【UTSUNOMIYA BREX SEASON MEMORIES】

宇都宮ブレックス シーズンメモリーズ

2020-21 BREX MENTALITY
戦い続ける魂

MANI.
栃木銀行
9
木銀行
22
下野新聞

21

MANI.
12
10

日本生命
NISSAY
B.LEAGUE
FINALS
2020-21

巻頭グラフ　激闘の果てに

UTSUNOMIYA BREX × CHIBA JETS
2021.5.29-6.1

MANI.
栃木銀行
13

MANI
栃木銀行
4

UTSUNOMIYA
BREX

×

CHIBA JETS

2021.5.29-6.1

B.LEAGUE

NISSAY 日本生命

B.LEAGUE
FINALS
2020-21

今季、B. LEAGUE最高勝率で4シーズンぶりの地区優勝を飾り、チャンピオンシップ（CS）でもライバルチームを次々と撃破して決勝に進出した宇都宮ブレックス。決勝では宿敵・千葉ジェッツと第3戦にまでもつれ込むリーグ史に残る死闘を演じた末に惜敗し、4シーズンぶりの頂点にはあと一歩届かなかった。しかし、全選手、スタッフが心を一つにして最後の最後まで決して勝負をあきらめない「BREX MENTALITY」は、バスケットボールファンの心を激しく揺さぶった。
宇都宮ブレックスの魂の戦いを振り返る。

BREX MENTALITY

【 UTSUNOMIYA BREX SEASON MEMORIES 】

戦い続ける魂

UTSUNOMIYA BREX

宇都宮ブレックス シーズンメモリーズ 2020-21

チームを貫く　揺るぎないプライド

２０２０年8月——。

「今シーズンの目標は？」

開幕前の恒例とも言えるこの質問に、安齋竜三ヘッドコーチ（ＨＣ）はこう即答した。

「優勝しかありません」

安齋ＨＣの本気度が見えたのは、開幕戦後の記者会見でのことだった。10月３、４日、シーズン開幕節をホームで迎えたブレックスの対戦相手は、西地区の強豪、琉球ゴールデンキングス。この２連戦後の記者会見で、安齋ＨＣはこうコメントしている。

「強度の高いディフェンスをやろうとすれば、そんなに長い時間できない。今シーズンは情を抜きにして、勝つための決断をしていく」

これは、安齋ＨＣの意思表明である。タイムシェアしながら強度の高いディフェンスをキープする。それを実行するためには、情を抜きにして戦う覚悟があると、シーズン最初の試合で宣言したのだ。そして、さらにこう続けた。

「ＢＲＥＸ　ＭＥＮＴＡＬＩＴＹ（ブレックスメンタリティー）を40分間、突き詰めなければ優勝なんてできない。疲れてきた時やうまくいかない時でも、そうしたメンタルだけは持ち続けていないと、コートに立つ資格がなくなる。これから、シーズンを通してそこを突き詰めていき、最後にそれができるようになっていれば、おのずと優勝を狙えるチームになっているはずだ。それを毎試合やらなければ意味がなく、20点差がついているからやらないという選手は、うちにはいらない」

ＢＲＥＸ　ＭＥＮＴＡＬＩＴＹとは、ルーズボールに飛び込むような泥臭いプレーや球際の強さ、最後まで諦めない姿勢など、ブレックスの選手としてプレーする上で大切にしている「プライド」と言い換えることもできる。こうした強いメンタリティーは、チームの歴史とともにすでに根付いていたが、今シーズンはそれをさらに成熟させていきたいという強い思いがあっての言葉だったように思う。

全てが異例のシーズン

こうして幕を開けた２０２０－21シーズンは、全てが異例のシーズンとなった。

新型コロナウイルスの影響で、アリーナの観客入場者は満員時の半分以下、声を出しての応援は禁止となり、手拍子で選手を後押しすることとな

UTSUNOMIYA
BREX

藤井洋子・文　山田壮司・写真

った。また、入国制限もあり外国籍選手の合流が遅れるチームが続出し、シーズン序盤はフルメンバーで戦えないという事態となった。ブレックスも、ジョシュ・スコット、ＬＪ・ピークという2選手が加入し、ピークは3節目からの合流となったが、長いシーズン、このチームでプレーするライアン・ロシターやジェフ・ギブスが安定した活躍をしたことで、新加入選手合流遅れの影響はなかったと言っていいだろう。むしろ、対戦相手の方がそうした影響を受けているケースが多く、開幕から白星を重ねるブレックスの強さは果たして本物なのか、その強さを正確に測れないという状況が続いた。

外国籍選手の加入は、通常チームにフィットするのにある程度の時間を要するが、前シーズンまで琉球でプレーしていたスコットだけでなく、初めてＢリーグのチームに加入したピークまでもが、このチームにフィットするまでに多くの時間を要しなかったのはうれしい誤算だった。

ピークが加入して初めての試合（10月10日信州ブレイブウォリアーズ戦）では、比江島慎はプレーしていないが、安齋ＨＣは「ＬＪは短い期間でフィットしてくれて、比江島がいない今週をつないでくれた」とコメントし、早々にチームシステムを理解している様子がうかがえた。

序盤は10連勝と好調キープ

安定した成績を残していったブレックスは、10月18日の千葉ジェッツ戦から11月15日の広島ドラゴンフライズ戦まで10連勝と波に乗った。11月14日の広島戦では、田臥勇太が今シーズン初出場を果たす（田臥は２０１９年11月10日のレバンガ北海道戦以来の試合出場だった）。

ここまでは好調にきていたが、12月2日の川崎ブレイブサンダース戦で60−67と敗戦、これにより連勝もストップした。試合後の記者会見で、安齋ＨＣは「情けなくて、会場に来てくれたファンのに方々に申し訳なかった」と感想を述べている。比江島も、「相手のディフェンスの激しさに戸惑ってしまい、打開策が見い出せなかった」と打ち明けた。「川崎戦はシュートが入らず、相手のペースに持っていかれることが多く、それには何かしら原因があると思う。ローテーション、ヘルプディフェンスができず、試合の中でも修正できなかった」と苦しい状況を説明した。

この試合からリズムを崩したブレックスは、アウェー2連戦の2戦目（日曜日の試合）での敗戦が目立つようになる。

12月6日（日）の大阪エヴェッサ戦、12月13日（日）滋賀レイクスターズ戦、12月27日（日）のシーホース三河戦はいずれもアウェー2連戦の2戦目の敗戦だ。渡邉裕規は、「今シーズンは勝ちに慣れてしまっているから、一度負けると落胆したり悲観的になったりして、そういう雰囲気が練習や試合に出てしまうことがあった」と話す。そんな時は、渡邉や田臥がチームメートに積極的に声を掛けた。

「プレーの質を変えるということではなく、考え方を変えるだけでいい」（渡邉）

「こういう時は、プレーの質を変えるということではなく、考え方を変えるだけでいい」（渡邉）。経験豊富な渡邉や田臥にとっては、それほど重く受けとめるものではなかったが、それでもチームが浮上するには、何かしらのきっかけが必要だったのは確かである。

そうした中で迎えたアルバルク東京との2連戦。1戦目（12月19日）の試合で勝利を収めた試合後、〝2戦目のジンクス〟について記者に問われた竹内公輔は、「チームでも長いミーティングをして、今週2つ勝つことをゴールに掲げた。『明日の試合を観てください』としか言えないが、『来て良かった』と思ってもらえるプレーをするつもりだ」と意気込みを語った。この言葉通り翌日の試合も見事勝利し、早々に〝2戦目のジンクス〟を克服することに成功した。

1月は千葉に快勝

年明けの1月23、24日の千葉ジェッツ戦では、2日間ともブレックスが快勝している。試合後、遠藤祐亮は「目標としていた2連勝、さらに点差を離して勝つことができた。また一つ、チームとしてステップアップできた試合だった」と手応えを感じている様子だった。

しかし、1月30、31日に行われたサンロッカーズ（ＳＲ）渋谷戦では、1戦目は71−77と僅差での敗戦となった。この試合は、普段コート内外で声を出すバイスキャプテンの2人（ロシター、渡邉）が欠場していたこともあり、コート上で選手を集めてハドルを組むシーンがほとんど見られず、この2人の不在はコミュニケーションの部分で大きな影を落とした。さらに2戦目は、前日の試合で足を痛めた比江島も欠場するという厳しい状況に追い込まれてしまった。

こうしたチームのピンチをチャンスに変えたのは、今シーズン初のスタート出場を果たした、テーブス海だ。

安齋ＨＣは「海のアタックが必要だと思った」ことから、テーブスをスタートで起用。指揮官の期待に応えるように、積極的なドライブを見せたテーブスは「ベンチから試合に出ることに慣れていたわりには、よくできたんじゃないかと思う」と充実感を漂わせていた。もう一人、この頃から活躍が目立つようになったのは、スコットだ。この試合は、リバウンドやゴール下の得点などで存在感を発揮し、難しい状況の中で67−62と勝利を収める立役者になった。

後に、佐々宜央、町田洋介の両アシスタントコーチ（ＡＣ）は、この日のテーブス、スコットの活躍の裏で、怪我の功名とも呼べる一つの転機があったことを明かしている。前述したように、普段チームのまとめ役を担う選手がプレーできなかった2日間だったが、1戦目の敗戦を受けて遠藤、鵤誠司の2人がチームメートに声を掛けたり、率先してハドルを組む姿が見られるようになり、以降、そうしたシーンが増えていった。

3月3日に行われた川崎戦は、ベン

チから出場する選手たちの活躍が光った試合だった。川崎の激しいディフェンスで、なかなか中に切り込めないブレックスは外からのシュートを狙うが、1Qは3ポイントシュート確率8分の0と絶不調で、7-12とロースコアの展開となった。嫌な雰囲気に風穴を開けたのは1Qから途中出場した渡邉だ。渡邉は、2Q頭に2本の3ポイントシュートを決めると、残り1分にダメ押しで3本目の3ポイントシュートを沈め、一気にブレックスに流れを呼び込んだ。後半もピーク、遠藤、ロシターと次々と3ポイントシュートを決めて川崎のディフェンスを翻弄。リバウンドでもスコット、ギブスが奮闘し、58-54と貴重な1勝を挙げた。

天皇杯で3度目の正直となるか

川崎戦と言えば、シーズンを中断して行われた天皇杯のファイナルラウンド（3月12、13日）を忘れてはならない。

3月12日に行われた天皇杯のセミファイナルで、ブレックスは64-54とA東京に勝利し、クラブ史上3度目のファイナル進出を決めていた。翌13日に行われたファイナルの相手は川崎。2019年の天皇杯ファイナルでは、

オーバータイムの末、残り3秒で千葉の富樫勇樹にシュートを決められて敗れるという苦い経験をしている。そうした思いを力に変えて、〝3度目の正直〟で優勝を手にすることができるのか。あるいは、〝2度あることは3度ある〟という結果になるのか…。

実は、天皇杯の前に佐々ACはこんなことを話していた。

「川崎に勝てるようなチームだったら、今シーズンは結構いけると思います。優勝が懸かるなど、重要な試合になればなるほど選手たちは感情的になり、個人に走っていくようになる。そういう時に頭は冷静に、どれだけ賢く捌いていけるかが重要です」

つまり、この川崎との2連戦は、目の前の試合だけでなく、これからCSを戦っていくための一つの指標なるという位置付けもあったのだ。

前回もロースコアのディフェンス合戦となった両チームの対戦は、案の定、この日もロースコアで進んだ。1Qこそリードして終えたブレックスだったが、川崎は2Qから、ニック・ファジーカス、ジョーダン・ヒース、パブロ・アギラールという2m超のビッグマン3人をコートに立たせる「ビッグラインナップ」を編成。こうなると、一気に厳しい展開に持ち込まれてしまう。普段は通るようなパスもなかなか通らない。焦りもあり、攻撃も単発になりがちだ。リバウンドは奪われ、外からのシュートも気持ち良く決められ、遂には逆転を許してしまった。

後半は、渡邉の連続3ポイントシュートなどで何とか食らいつくが、その後は再び点差を広げられ60-76で敗戦。ブレックスは、今シーズンも天皇杯準優勝の壁を越えることができなかった。

天皇杯の数日後、安齋HCに話を聞くと、こんな胸の内を明かしてくれた。

「天皇杯では、今までやってきたことと違うことをした方がいいのか、ある程度ローテーションを守ったり、自分たちがやってきたタイムシェアを守りながら戦った方がいいのか、そのどちらがいいのかを考えた時、僕が選択したのは後者だった。応援してくれた人には申し訳ない結果でしたが、後悔はありません。仮に前者をやって負けていたら、その方が後悔していると思うので」

安齋HCは、RSではほぼ全試合、全員の選手にプレータイムを与えている。多い選手でも20分程度と徹底したタイムシェアをしてディフェンスの強度が落ちたと思ったら、すぐに別の選手をコートに立たせ、40分間、強度と質を保ってきた。それは同時に、〝試合に出られない選手を作らない〟ということも意味していた。

多少なりともプレータイムには差があるものの、全員で戦う姿勢を徹底して守り続けたことで、選手たちはベンチにいても、いつ自分がコーチに呼ばれるのか分からないという緊張感を持ったまま試合に向き合うことになり、それは全ての選手に、平等に当事者意識を持たせることに繋がっていった。

それこそが、ここまでの試合で勝率

1位をキープできた要因でもある。

安齋HCは、そうした姿勢を短期決勝戦の天皇杯で変えようとはしなかった。それは、ある意味で納得できる決断である。その結果敗戦になっても後悔はないと、腹を括って臨んでいたのだろう。

再び川崎との対戦

天皇杯の悔しさを完全に打ち消すことはできないまま、RSが再開された。ブレックスは3月24日の富山グラウジーズ戦で黒星となったが、その後は11連勝と安定した成績を挙げていく。そうしてシーズンも大詰めとなった4月24、25日。天皇杯で敗れた川崎へのリベンジの機会が訪れた。

しかし、1戦目は、57-58と1点差で惜敗。2戦目は67-75と、健闘虚しくホーム最終戦に〝今シーズン初の同一カードでの連敗〟という、悔しい結果に終わることとなった。これで今シーズンの川崎との戦績は、天皇杯も含め1勝4敗。その一方で、ブレックスのRSの戦績は49勝11敗で4シーズンぶりの地区優勝という素晴らしい成績も残している。これにより目標とされてきたセミファイナルまでのホーム開催権利を手に入れることもできた。

こうして、戦いの舞台は、いよいよポストシーズンへと移された。

クオーターファイナルの相手はSR渋谷。両チームともディフェンスにプライドを持って取り組むチームだが、タイプには少し違いがある。リーグ1位のディフェンス力を誇るブレックスは、RS平均失点70・9点とリーグ最少失点の「鉄壁の防御」。対するSR渋谷は、RS平均スティール数9が表現するように、「攻めながら守る」チームと言えるだろう。この2チームによる対戦は、ブレックスが盤石な戦いぶりで2連勝を挙げて、セミファイナルの切符を手にした。

事実上の決勝

セミファイナルに駒を進めたブレックスの相手は、強豪・川崎。Bリーグ初年度（2016-17シーズン）のファイナルで対戦した相手だ。2017-18シーズンの対戦成績は3勝3敗。2018-19シーズンは4勝0敗だったが、2019-20、2020-21シーズンは、どちらも1勝3敗とブレックスが負け越している。さらに、3月13日に行われた天皇杯の決勝でも川崎に敗れており、ここ2シーズン、ブレックスにとっては苦い思いを味わった相手でもある。

川崎は「ビッグラインナップ」が、シーズン終盤になるにつれ機能し、しり上がりで調子を上げてきた。これまで多くのチームがこのビッグラインナップに挑み、そして敗れてきた。それはブレックスも例外ではない。無敵にも思える川崎の高い壁を、ブレックスは乗り越えることができるのだろうか。

「事実上の決勝」との呼び声も高いこの2連戦は、過去の戦績から大方が川崎のファイナル進出を予想していた。しかし、そうした予想を横目で見ながら、ほくそ笑んでいたのは、きっと私だけではないはずだ。油断するなら

すればいい。ブレックスならやってくれる。彼らがやすやすと負けるとは思えない。そう信じていた。

1戦目は、出だしからブレックスがリードする展開。しかしディフェンス合戦となった2Qに、とうとうブレックスが動き出す。ブレックスはタイムアウト明けに、比江島、遠藤、ギブス、ロシター、スコットというメンバーをコートに立たせ、「ブレックス版ビッグラインナップ」を形成。もはや生粋のポイントガードがいない状態で、川崎の高さに、高さで勝負を挑んだ。さらに4Qには、比江島、ピーク、竹内、ロシター、スコットという、2Qよりさらに高さのある「超ビッグラインナップ」で対抗。その後も、状況に合わせて先手先手でメンバーを入れ替えながら均衡した状況を打開していった。結果、68-65とわずか3点差でブレックスが勝利を挙げた。

川崎のキャプテン・篠山竜青は、「RSや天皇杯でなかったローテーションをブレックスがしてきたのは間違いないが、一番はオフェンスリバウンドを25本も取られてしまったことが敗因だと思う」と口にした。さらに「2年前、ここブレックスアリーナでの大敗が今のチームの原点となっている。なんとしても明日は修正してやり返し、2年前とは違うことを証明したい」と力強く語った。

この日、8得点11リバウンド、11アシストを記録したロシターは、「自分がポイントガードのような役割をすることもある。自分がボールを経由してプレーすることが多いので、その都度、的確な判断が下せるようなプレーを心掛けている」と話す。確かに、ビッグラインナップの時はロシターがポイントガードのような役割をしてボールを動かしており、ビッグマンでありながら、そうしたプレーができるロシターの存在があってこそ可能なプランだったと言えるだろう。

全員で戦うということ

2戦目は、後がない川崎が前日以上の激しさで向かってくるだろうと思われた。想像通り、試合はリードチェンジを繰り返す拮抗した流れとなり、42-40の2点差で前半を終えた。点差が開いたのは、3Qからだった。依然としてシュートが好調のブレックスに対し、川崎は、ファジーカスを中心に攻めるものの得点が停滞。4Qにも徐々に点差は開いていき92-74となった残り1分半を切ったところで、ブレックスは喜多川修平をコートに出した。RSは徹底したタイムシェアで戦ってきたブレックスだったが、CSに入ってからは顕著にプレータイムの差が出ていた。喜多川は、比江島がケガで出場できなかったシーズン前半戦に印象に残る活躍をしており、攻守での喜多川の奮闘が、チーム好調をキープできた要因の一つであることを全員が理解していた。ケガ人が戻ってきてからは少しプレータイムは減ったものの、コートに立てばチームのために貢献する献身的な姿が観る者の心を揺さぶった。しかし、クオーターファイナルとセミファイナルの1戦目ではプレータイムがなく、歯がゆい思いをしていることは安易に想像ができた。

そうした状況でコートに入った喜多

川に対し、ベンチにいた渡邉は両手を上下にして観客を煽り、ファンはそれに応えるように大きな拍手で喜多川をコートに送り出した。喜多川は、コートに入ってすぐにスティール。それは、決められた時間に求められるプレーを完璧にこなす、職人のようにも見えた。

さらに、今シーズンはケガの影響もあり、なかなかプレータイムがなかった田臥が、とうとう安齋HCに呼ばれた。安齋HCは笑顔で田臥に語り掛け、田臥の背中に手を添えてコートに送り出した。「思いっきり楽しんでこい」とでも言っているかのように。田臥は、コートに入るといきなり3ポイントシュートを沈め、この日一番の賞賛を独り占めにした。一瞬でその場の空気を変える存在の大きさを、誰もがあらためて認識した瞬間だった。

田臥の手からレフェリーにボールが戻されたところで、試合終了のブザーが鳴り響いた。今シーズン最後のプレーで、最後のシュートを決めたのは、外ならぬ田臥勇太だった。あまりにも美しい余韻を残して、セミファイナルが終了した。

めちゃくちゃいいチーム

RSは川崎から60点台しか取れなかったブレックスが、この日はなんと96-78と大量得点で快勝。安齋HCは、これまでやってこなかったビッグラインナップをすることに、「正直、不安はあった」と胸中を明かす。いつもと違うことをやって負けた時のダメージが大きいからだ。さらに、プレータイムが減る

UTSUNOMIYA
BREX
SEASON
MEMORIES 2020-21

選手も多くなる。「昨日、ビッグラインナップを試合で初めてしっかりやった時に、選手たち自身がコート上で解決してくれたのが大きい。本当は今までやってきたことを変えたくはなかったが、川崎に勝つためには、やらざるを得なかった」

実は、天皇杯で川崎に敗れた数日後の取材で、安齋HCはこんな話をしていた。

「結果について、全然悲観はしていない。勝ちたかったという思いはあるが、それを糧にしてCSに向かっていけることは良いことだと思う」と、むしろ前向きな言葉を発していた。次に戦った時には絶対に勝てる、不思議とそんな確信が持てるような、自信も感じられる言葉だった。そこで、続けざまにこんな質問をしてみた。

「川崎への戦い方は見えてきましたか?」

安齋HCの答えはこうだ。

「それをレギュラーシーズンでやった方がいいのかというと、そうじゃないという判断をしました」

天皇杯で負けた時点で、安齋HCの頭の中にはブレックス版ビッグラインナップがすでに存在しており、このメンバーなら成功する青写真も、ある程度は描けていたのだろう。しかし、それを実際に練習で取り入れたのは、セミファイナルの相手が川崎と決まってからのこと。つまり、わずか数日という

「チームワークとは、犠牲心とそれを評価できる組織」（安齋HC）

即席で作り上げたブレックス版ビッグラインナップは、重要な試合でいきなり機能したということだ。シーズン通して醸成させていった川崎のビッグラインナップを打ち破るほどの威力を持って。

もう一つ、RSで得たのはコートに出た瞬間から選手たちが最高潮のエナジーで、自分のやるべき仕事をするという遂行力の高さだ。それは、全員が試合から気持ちを離すことなく、自分がコートに立った時にどのようにプレーするのかを常に考えながら試合と向き合っていたからこそできることである。ベンチにいても、例え20点以上開いていても、それは変わらない。そうしたレベルまで選手の意識を高めていけたことが、今シーズンのチームの完成度の高さを証明していた。

シーズンの中頃、「CSに向けてどんなことをポイントに置いて試合をしていきたいか」と聞いた時、町田ACは次のように答えている。

「チームのベクトルが同じ方向に向く瞬間をどれだけ多く作れるかということです。チームの一体感と、どういうプレーで自分たちは勝っていくのかという部分をより突き詰めていきたい」。まさに、それを体現したようなセミファイナルとなった。

川崎に2連勝を挙げた後、安齋HCはこう感想を述べている。

「RSはやるべきことをやって、プレータイムをシェアして東地区1位を勝ち取ることができた。CSは勝たなければいけないという中で、いつもとは違うことをした。チームワークとは何かといえば、〝犠牲心とそれを評価できる組織〟だと感じている。それが、このCSで出せた。自分で言うのもなんですが、今このチームはめちゃくちゃいいチームです」

そして、いよいよ
ファイナルの舞台へ

ファイナルへ駒を進めたブレックス。悲願の4シーズンぶりの優勝まで、あと一歩というところで目の前に立ちはだかったのは、長年激闘を繰り広げてきた好敵手、千葉。

しかし1戦目は、いつものブレックスらしいプレーを出せず、65-85とまさかの20点差で敗戦を喫した。

「オフェンスで焦ってしまい、自分たちらしくないプレーからどんどん流れが悪くなっていった」と安齋HCが話すように、この試合はエナジー、ボールへの執着心という、本来ブレックスの武器と呼ばれる泥臭いプレーで、ことごとく千葉に上回られてしまった。

しかし、この敗戦をチャンスと捉えることもできる。

「CSに入ってからビハインドの展開はなかなかなかった。そういう展開を今日経験できたことで、明日追う展開になっても、自分たちを見失わずブレックスらしいオフェンスを展開できると思う。切り替えて、明日のために準

備したい」

考えてみれば、事実上の決勝と言われたセミファイナルの川崎戦でもブレックスがビハインドを負ったのは、2試合通して2分にも満たないというわずかな時間だけだ。

ロシターは「自分たちはどのようなチームかを思い出す必要がある。自分たちは東地区で優勝し、ベストな戦績でRSを終えているチームだということを自覚して、自信を持ったプレーをしていきたい」と、翌日の試合に向けて決意を語った。

2戦目は前日とは真逆の展開に

「昨日はブレックスらしいバスケットができず、ファンの方々に申し訳ないという気持ちがあった」と話す安齋HC。この言葉を裏付けるように、2戦目はブレックスらしさが戻ってきた。

前日のゲームを振り返り、安齋HCは「ブレックスメンタリティーを示さなければいけない」と、選手たちに伝えたという。何かにぶつかったり、方向性が分からなくなった時、立ち返るべきは、原点だ。こうした指揮官の言葉を受けて、選手たちは見違えるようなプレーで魅せた。

2Qには、ギブスのルーズボール。さらには、竹内のルーズボールから渡邉が3ポイントシュートを決めるなど、ベテラン勢がブレックスメンタリティーを体現。安齋HCは、竹内のプレーを称賛し、こう付け加えた。「勇太と修平の存在もめちゃくちゃ大きい。本当にチーム全体で戦っている」と。

実は、点差が大きく離されたシーンで、一瞬チームが守りに入りそうになった時間があった。20点以上も差がついているなら当然のことと思えるが、それを誰よりも見逃さなかったのは、外ならぬ田臥だった。田臥はそうした一瞬の気の緩みが取り返しのつかないことになることを十分理解している。そこで「静かになるな！」とベンチに向かって大声を張り上げた。

この田臥の言動に目を覚ました選手たちは、最後の最後まで手綱を緩めることなく徹底的に戦い、リスペクトを持って、完膚なきまでに相手を倒した。結果は、83-59。前日とは真逆の展開となり、ブレックスが24点もの大量リードで2戦目を制した。

「プライドを持ってプレーすることが重要だと思って臨んだ。自分たちがどういうチームなのかを思い出し、自信を持って王者らしくプレーすることを心掛けた」と話すロシターは、17得点の大活躍。それでも「今日の試合はすでに過去のものとして3戦目に臨む」と、依然として緊張感を漂わせていた。

最高のチームになった

2戦では決着がつかず迎えた運命の3戦目は、ディフェンスの試合になった。どちらも一歩も引かない一進一退の攻防は、最終クォーターまで持ち越された。

50-50と同点で迎えた4Q。取ったら取り返すというリードチェンジを繰り広げる中で、次第に千葉が、わ

ずかにリードし始めた。ブレックスは最後の最後まで食らい付くが、追い付くことはできず、62-71で敗戦。これにより、ファイナルは1勝2敗。ブレックスは惜しくも準優勝という結果で2020-21シーズンの幕が下りた。

試合後、安齋HCはこう総括している。

「コロナで厳しい状況の中、好きなバスケットをやらせてもらっているので、応援してくれる人たちに何かを感じてもらえるようなプレーをしたいと思いながら突き進んだシーズンだった。今日は負けてしまったが、ファン、スポンサーなど関わってくれた皆さんに、何か伝わるものがあったらうれしい。最後に勝てず申し訳ないが、ブレックスの良さ、チームワークは見てもらえたのではないかと思う」

さらに、ファンを含めた今シーズンのブレックスについて聞かれると、誇らしげにこう返した。

「最高のファン、最高の選手、最高のスタッフ、最高のクラブだった」

開幕節の試合後に、安齋HCが語った言葉を、覚えているだろうか。

「BREX MENTALITY(ブレックスメンタリティー)を40分間、突き詰めなければ優勝なんてできない。疲れてきた時やうまくいかない時でも、そうしたメンタルだけは持ち続けていないと、コートに立つ資格がなくなる。これから、シーズンを通してそこを突き詰めていき、最後にそれができるようになっていれば、おのずと優勝を狙えるチームになっているはずだ。それを毎試合やらなければ意味がなく、20点差がついているからやらないという選手は、うちにはいらない」

この言葉が現実のものになったかどうかは、あえて記す必要はないだろう。ブレックスは、間違いなく、最高のチームになった。

ファイナルの激闘を終えた数日後に開催された「B・LEAGUE AWARD SHOW 2020-21」では、テーブスが最優秀新人賞を受賞した。しかし、ブレックスからMVPやベスト5に選ばれた選手は一人もいなかった。RS勝率1位のチームから、これらの受賞がなかったのはリーグ発足以来、初めてのことだ。そうした事実に疑問を唱える声も少なくなかったが、ブレックスファンの間では、少し違う見方をする声も挙がっていた。

タイムシェアして戦うブレックスのスタイルは、チームへの貢献度も、数字もシェアすることになる。日替わりでスコアリーダーが変わり、誰か一人が突出して活躍するチームではない。それがブレックスだ。

「ならば、チームMVPにもベスト5にも選ばれないことこそ、チームで戦った証であり、そこに誇りを持つべきではないか」

チームプレーに徹してリーグ最高勝率を叩き出した。そんなチームを評価する物差しが、まだ、このリーグにはなかっただけのことだ。

日本生命
NISSAY

B.LEAGUE FINALS 2020-21

激闘の末、惜しくも敗戦

まさに激闘だった。長年の宿敵である千葉ジェッツとのファイナルは、千葉が第１戦、ブレックスが第２戦をそれぞれ圧勝で制し、勝負の行方はラストゲームの第３戦へ。ブレックスは最後の最後まで勝利を追い求めたが、あと一歩及ばず準優勝に終わった。

日本生命 B.LEAGUE ファイナル 2020-21
横浜アリーナ

5.29 SAT
GAME 1
千 葉 **85-65** 宇都宮

5.30 SUN
GAME 2
宇都宮 **83-59** 千 葉

6.1 TUE
GAME 3
千 葉 **71-62** 宇都宮

NISSAY B.LEAGUE FINALS 2020-21

vs. 千葉ジェッツ

ファイナル
第1戦 2021.5.29
(横浜アリーナ、4678人)
vs. 千葉ジェッツ

千葉 **85-65** 宇都宮

	千葉		宇都宮
第1Q	19	-	17
第2Q	17	-	18
第3Q	21	-	11
第4Q	28	-	19

宇都宮	得	③	②	F	R	反
ギブス	4	0	1	2	3	3
ピーク	7	1	1	2	1	3
比江島	5	1	0	2	1	4
テーブ	6	0	2	2	0	2
遠藤	9	2	1	1	2	4
竹内	0	0	0	0	2	0
渡邉	2	0	1	0	0	0
鵤	6	1	1	1	2	2
ロシタ	8	0	3	2	6	2
スコッ	18	0	7	4	7	3
計	65	5	17	16	30	23

千葉	得	③	②	F	R	反
ダンカ	14	0	4	6	4	3
富樫	13	3	1	2	3	2
フリッ	6	0	2	2	0	2
赤穂	0	0	0	0	1	0
西村	6	2	0	0	0	4
ショー	9	0	3	3	4	2
佐藤	0	0	0	0	0	0
エドワ	15	0	5	5	12	4
サイズ	13	0	6	1	16	0
原	9	1	3	0	0	2
計	85	6	24	19	44	19

GAME 01

vs. 千葉ジェッツ

NISSAY B.LEAGUE FINALS 2020-21

GAME1

リバウンドが勝敗を分けた

ブレックスがこんなにもリバウンドで劣勢に立った試合は、見たことがなかった。

GAME1は、想像もしていなかった展開になった。序盤は、ブレックスのオフェンスがうまく回らず、0-8のランでスタート。ブレックスは緊張もあるのか、全体的に浮足立っている印象で、プレーにも硬さが見えた。その後は、少しずつディフェンスから流れを作り、LJ・ピークやジョシュ・スコットなどの連続得点で追い上げ、17-19の2点差で2クオーター(Q)を迎えた。

2Q出だしは千葉ジェッツが走るバスケを展開。ブレックスはこのクオーター残り4分ごろにビッグマン3人をコートに立たせるビッグラインナップ(遠藤祐亮、比江島慎、ジェフ・ギブス、ライアン・ロシター、スコット)でリズムを作り、点差を詰める。2Q終盤には千葉がゾーンディフェンスで仕掛けるが、2-3のゾーンに対し、スコットがミドルレンジから得点。さらに千葉が3-2のゾーンに切り替えると、今度は遠藤が3ポイントを沈めて35-32と逆転に成功した。しかし終了間際、千葉の原修太の得点で再逆転され、35-36の1点ビハインドで前半を終えた。前半の数字を見ると、オフェンスリバウ

日本生命
NISSAY
B.LEAGUE
FINALS
2020-21

ンドで苦しんでいたことが伺える。千葉7に対し、ブレックスは1。後半は、この数字をなんとか修正したいところだ。

我慢の時間が続いた3Q

後半戦は、思いがけなく点差が開く形となった。

後半の出だしから千葉のペースに持っていかれ、ブレックスの得点が停滞。パスが回らず、中にも入れないという我慢の時間が続く。ブレックスはギブスを投入し、ペイントエリアでの勝負を仕掛けフリースローで加点するが、千葉はセバスチャン・サイズやギャビン・エドワーズが得点を重ね、気付けば46-57と11点も離されていた。4Qには、ブレックスでは珍しいパスミスなどもあり、なかなか波に乗れないまま時間が経過。65-85と20点のビハインドで1戦目の幕が下りた。

重要な1戦目を、〝らしくないプレー〟で落としてしまったブレックス。敗因を聞かれた安齋竜三ヘッドコーチ（HC）は、「セカンドチャンス（リバウンドからの得点）が勝敗を分けた」と説明。そのことは、両チームのスタッツに明確に表れていた。オフェンスリバウンドは、ブレックス9に対し千葉は16。セカンドチャンスポイントは、ブレックス6に対し千葉は24。ベンチメンバーの得点も、ブレックス17に対し千葉は36というように、大きな差が生まれていた。これらの数字は、普段のブレックスからは想像することが難しく、この1戦目が、いかに〝ブレックスらしくない〟試合展開だったのかを物語っていた。

GAME2

ブレックスが爆発
最後まで勢い衰えず快勝

前日の試合とは、打って変わってブレックスが爆発したGAME2。出だしから最高潮のエナジーを持って臨んだブレックスは、連続得点で千葉を引き離す。千葉は得点が止まる時間もあり、1Qで26-16と10点差を付けることに成功した。2Qに入ってもブレックスの快進撃は衰えることはなかった。2Q中盤に、ギブスがルーズボールに飛び込むというハッスルプレーが飛び出すと、今度は竹内公輔のルーズボールが渡邉裕規の3ポイントシュートを演出。ベテラン勢がブレックスメンタリティーを体現し、会場を大いに湧かせた。

「プレータイムが多くない中、どうにかチームに貢献したいという気持ちがあのプレーに表れたんだと思う」と、安齋HCも竹内のルーズボールを絶賛。こうした体を張ったプレーに後押しされるようにほかのメンバーも躍動し、52-32と20点差で折り返した。

後半も勢いをキープしたブレックスは20点差をつけたまま最終クォーターに突入。点差が開いた4Qには、一時守りに入る時間もあったが、千葉に流れを渡すことなく83-59と、24点もの大差で勝利を収めた。

要所で3ポイントシュートを決め、チームに流れを呼び込んだ渡邉は、「昨日、恥ずかしい試合をしてしまったが、今日は東地区で優勝したプライドを見せつけることができたんじゃないかな」と誇らしげに語った。

GAME 02

ファイナル
第2戦 2021.5.30
(横浜アリーナ、4700人)
vs. 千葉ジェッツ

宇都宮 **83-59** 千葉

	宇都宮		千葉
第1Q	26	-	16
第2Q	26	-	16
第3Q	16	-	16
第4Q	15	-	11

宇都宮	得	③	②	F	R	反
田 臥	0	0	0	0	0	0
ギブス	15	3	2	2	4	2
ピーク	8	1	2	1	1	1
比江島	3	0	1	1	2	4
テーブ	0	0	0	0	0	1
遠 藤	7	2	0	1	3	2
竹 内	2	0	1	0	4	0
渡 邉	10	2	2	0	1	2
鵤	5	0	2	1	5	1
ロシタ	17	2	5	1	11	1
喜多川	0	0	0	0	1	0
スコッ	16	0	7	2	4	1
計	83	10	22	9	42	15

千 葉	得	③	②	F	R	反
ダンカ	4	0	2	0	3	5
富 樫	9	1	3	0	1	2
フリッ	7	1	2	0	1	3
田 口	3	1	0	0	0	0
赤 穂	0	0	0	0	0	0
西 村	3	1	0	0	1	0
ショー	6	0	3	0	2	1
佐 藤	0	0	0	0	0	3
エドワ	12	1	4	1	9	2
サイズ	15	0	6	3	9	3
原	0	0	0	0	1	3
計	59	5	20	4	32	22

日本生命
NISSAY
B.LEAGUE FINALS 2020-21

vs. 千葉ジェッツ

NISSAY B.LEAGUE FINALS 2020-21

GAME 03

GAME3

一進一退の攻防 見応えある試合展開に

ファイナル
第3戦 2021.6.1
（横浜アリーナ、4785人）
vs. 千葉ジェッツ

千葉 71-62 宇都宮

	千葉		宇都宮
第1Q	21	–	18
第2Q	14	–	17
第3Q	15	–	15
第4Q	21	–	12

宇都宮	得	③	②	F	R	反
ギブス	2	0	1	0	1	2
ピーク	7	0	3	1	2	3
比江島	12	1	3	3	4	5
テーブ	2	0	1	0	0	1
遠藤	13	3	2	0	2	4
竹内	0	0	0	0	1	1
渡邉	0	0	0	0	0	2
鵤	7	0	2	3	4	3
ロシタ	11	1	4	0	6	0
スコッ	8	0	3	2	7	0
計	62	5	19	9	33	21

千葉	得	③	②	F	R	反
ダンカ	10	1	2	3	7	3
富樫	7	1	2	0	0	3
フリッ	2	0	1	0	4	0
田口	0	0	0	0	0	0
赤穂	0	0	0	0	0	0
西村	5	1	1	0	2	1
ショー	14	0	4	6	5	2
佐藤	3	1	0	0	0	1
エドワ	15	1	5	2	7	1
サイズ	12	1	4	1	6	1
原	3	1	0	0	0	2
計	71	7	19	12	37	14

1勝1敗で振り出しに戻したブレックス。ここで勝利すれば、4シーズンぶりの王者奪還となる運命の3戦目が幕を開けた。

序盤は、ピークのシュートで幸先の良いスタートを切ったが、その後は千葉の激しいディフェンスに苦しめられ、なかなか外からのシュートが決められない。千葉のエース、富樫勇樹が2ファウルでベンチに下がると、代わってコートに入った西村文男が攻守で存在感を発揮し、18-21と3点ビハインドで1Qを終えた。

2Qには一時10点差に離されたが、ロシター、遠藤がリズムよく3ポイントシュートを決め、流れを自分たちに取り戻す。さらに、比江島もこの試合初となる3ポイントシュートを決めて追い上げを図る。拮抗した展開の中、ブレックスは35-35の同点に戻して折り返した。

3Qも終始、一進一退の攻防となり50-50の同点で、いよいよ最終クォーターに突入した。4Qは、ブレックスがシュートを決めると千葉が入れ返すという、まさに意地と意地のぶつかり合いのような展開に。オフィシャルタイムアウトの時点で56-55とわずか1点差でリードするブレックス。しかし、タイムアウト明けに、エドワーズのフリースロー、ファストブレイクからの富樫のリバースショットで逆転されてしまう。

残り2分を切ったところで比江島がファウルアウトになると、千葉のシャノン・ショーターが外したボールをサイズがフォローし、着実にシュートを沈めるというプレーも飛び出し、残り1分39秒で5点差とされた。その後、ブレックスはファウルゲームを選択するが、残念ながら62-71のところで力尽きた。

試合後、安齋HCは「選手たちは素晴らしいプレーをしてくれたが、僕自身は申し訳ない気持ちでいっぱい。千葉の素晴らしい気持ちとプレーが、僕らを上回った」と、感想を述べた。

最後の試合を勝利で飾ることはできず、あと一歩のところで優勝を逃したブレックス。しかし、バスケットの面白さを凝縮したような試合内容と、ブレックスらしいプレーの数々が、観る人の心に強い印象を残したことは間違いない。〝東地区で優勝したプライド〟は、確かに、試合の随所に表れていた。

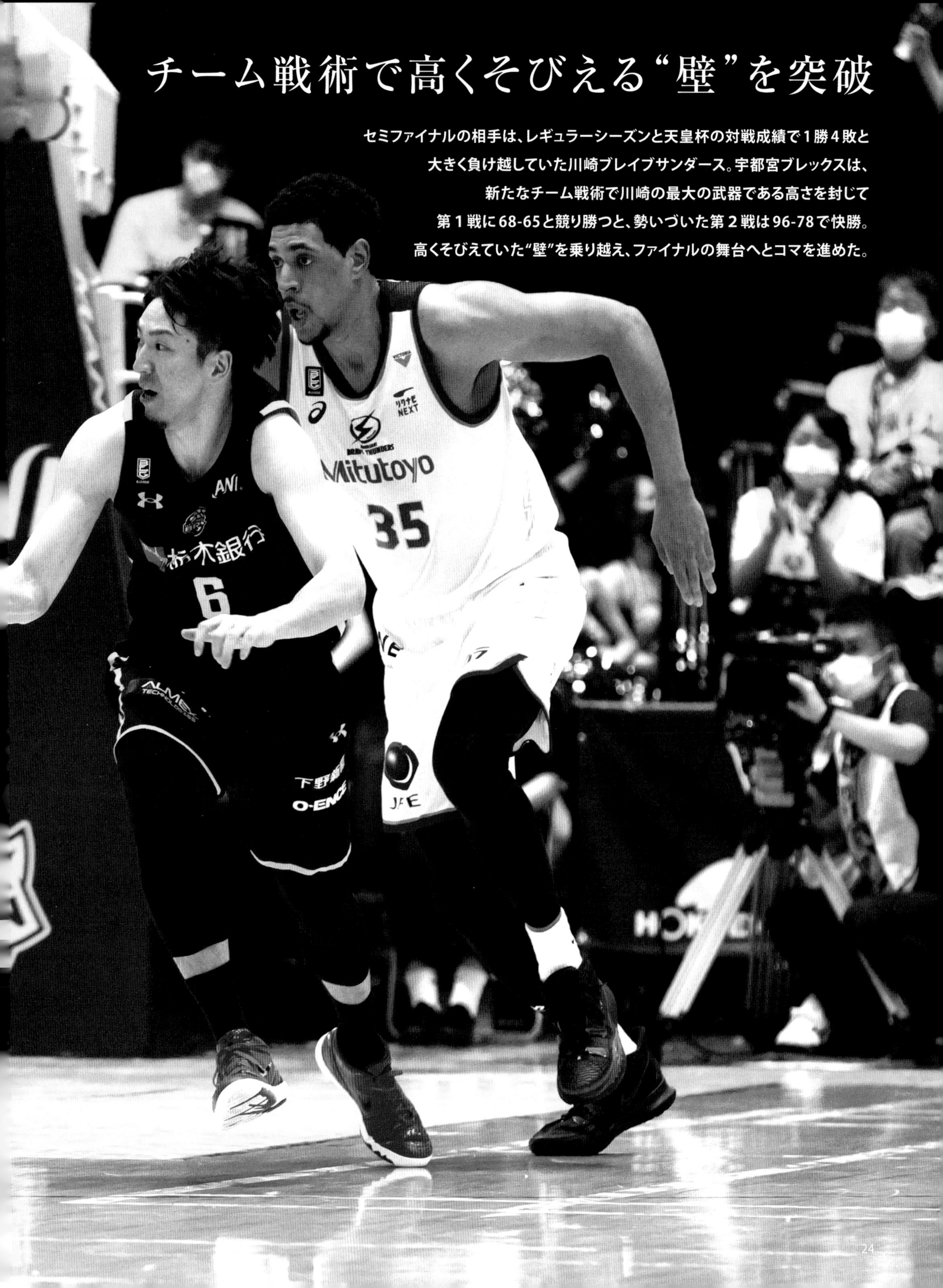

チーム戦術で高くそびえる“壁”を突破

セミファイナルの相手は、レギュラーシーズンと天皇杯の対戦成績で1勝4敗と大きく負け越していた川崎ブレイブサンダース。宇都宮ブレックスは、新たなチーム戦術で川崎の最大の武器である高さを封じて第1戦に68-65と競り勝つと、勢いづいた第2戦は96-78で快勝。高くそびえていた“壁”を乗り越え、ファイナルの舞台へとコマを進めた。

B.LEAGUE
CHAMPIONSHIP
2020-21

B.LEAGUE SEMIFINALS 2020-21

vs. 川崎ブレイブサンダース

B.LEAGUE セミファイナル 2020-21
ブレックスアリーナ宇都宮

5.21 FRI

GAME 1

宇都宮 **68-65** 川崎

5.22 SAT

GAME 2

宇都宮 **96-78** 川崎

伊藤慧・文
山田壮司・写真

GAME 01

セミファイナル
第1戦 2021.5.21
(ブレックスアリーナ宇都宮、2185人)

vs. 川崎ブレイブサンダース

宇都宮	68-65	川崎
第1Q	23 - 14	
第2Q	19 - 16	
第3Q	14 - 21	
第4Q	12 - 14	

宇都宮	得	③	②	F	R	反
ギブス	4	0	2	0	9	2
ピーク	7	1	1	2	0	3
比江島	13	3	0	4	1	4
テーブ	2	0	1	0	0	1
遠藤	7	1	2	0	1	2
竹内	0	0	0	0	1	1
渡邉	4	0	2	0	0	1
鵤	5	1	1	0	1	2
ロシタ	8	0	4	0	11	0
スコッ	18	0	6	6	10	0
計	68	6	19	12	46	16

川崎	得	③	②	F	R	反
藤井	12	2	3	0	5	1
篠山	0	0	0	0	1	3
増田	0	0	0	0	1	1
辻	9	3	0	0	1	2
カルフ	5	0	2	1	2	3
ファジ	23	0	9	5	11	1
大塚	2	0	1	0	0	0
長谷川	3	1	0	0	1	1
アギラ	2	0	1	0	3	2
ヒース	9	0	4	1	6	3
計	65	6	20	7	34	17

高さ対策の「奇策」が奏功

「結果以前に自分たちのバスケをできずに負けることほど、ふがいないことはない」

安齋竜三HCは、常々口にしていた。確立したスタイルと戦術に殉じる――。それが指揮官のこだわりであり、ブレックスの強者たるゆえんだった。

そのブレックスが、「奇策」に打って出たのだ。

それだけの相手だった。チャンピオンシップ(CS)準決勝で激突した川崎ブレイブサンダース。天皇杯決勝で苦杯を喫し、レギュラーシーズン(RS)終盤には〝難攻不落〟のブレアリで連敗。識者の大半がCSの優勝候補筆頭に挙

B.LEAGUE SEMIFINALS 2020-21

vs. 川崎ブレイブサンダース

B.LEAGUE CHAMPIONSHIP 2020-21

げていた。

　彼らの強さの根幹はその「高さ」にあった。ニック・ファジーカスら2m超のビッグマン3人が同時に並び立つ布陣は「ビッグラインナップ」と称され、RSのブレックスもミスマッチから失点を重ね、苦しめられた。

　ビッグラインナップの攻略なくして勝利なし——。天敵との準決勝第1戦は、かくしてティップオフの時を迎えていた。

　序盤から勢いを見せたのがブレックス。攻守の速い切り替えからLJ・ピークのコーナースリーを皮切りに遠藤祐亮、鵤誠司も3点シュートで続き、相手がタイムアウトを取るまでの開始4分間で13-5と機先を制した。だが、ここから簡単にいかないことは誰もが分かっていた。RSでも序盤にリードを奪いながらじわじわと点差を詰められ、逆転された苦い経験があった。

　第1クオーター7分34秒。指揮官が動く。ジェフ・ギブスの投入だ。だがこれは、今までの交代と異なる意味があった。

　本来はギブスの投入と同時に退くジョシュ・スコットをコートに残したのだ。センタープレイヤー2人、さらにライアン・ロシターを加え、高さへの対抗を試みた。これがブレックスの用意した「奇策」だった。

　本来のローテーションを崩したこの戦法は、攻守連係の崩壊する危険性があった。しかも、準備期間は準々決勝後のわずか1週間。「負けた時のダメージは大きいが、これしかない。選手を信じるだけ」。安齋HCは腹をくく

B.LEAGUE SEMIFINALS 2020-21

vs. 川崎ブレイブサンダース

B.LEAGUE
CHAMPIONSHIP
2020-21

GAME 02

セミファイナル
第2戦　2021.5.22
（ブレックスアリーナ宇都宮、2190人）
vs. 川崎ブレイブサンダース

宇都宮　**96-78**　川崎

	宇都宮		川崎
第1Q	19	–	14
第2Q	23	–	26
第3Q	27	–	18
第4Q	27	–	20

宇都宮	得	③	②	F	R	反
田臥	3	1	0	0	0	0
ギブス	6	1	1	1	3	3
ピーク	15	5	0	0	0	3
比江島	12	2	1	4	2	4
テーブ	3	1	0	0	0	1
遠藤	6	2	0	0	1	2
竹内	0	0	0	0	3	0
渡邉	9	3	0	0	0	0
鵤	3	1	0	0	2	2
ロシタ	25	2	7	5	9	2
喜多川	0	0	0	0	0	1
スコッ	14	0	5	4	15	2
計	96	18	14	14	38	20

川崎	得	③	②	F	R	反
藤井	11	1	2	4	3	2
篠山	3	0	1	1	0	4
増田	0	0	0	0	0	1
辻	13	3	1	2	3	1
カルフ	6	1	0	3	3	2
ファジ	23	0	7	9	4	5
大塚	0	0	0	0	0	0
長谷川	9	3	0	0	0	1
アギラ	4	0	2	0	6	1
ヒース	9	1	3	0	3	3
計	78	9	16	19	27	20

り、そして賭けに勝った。

明らかに川崎の攻撃が停滞したのだ。要因は厚みの増したインサイド陣を中心にリバウンド争いを制したこと。ときに竹内を加えた「ビッグ4」も形成し各選手がルーズボールを奪いまくる。相手の二次攻撃の芽を摘み、こちらの二次攻撃でスコアを刻み続けた。

慣れない布陣もロシターが器用にゲームメイク役を務めてバランスを保ち、後半に点差を詰められた時間帯は比江島慎が3点シュートを2本沈めた。終盤の相手の攻勢で追いすがられたが、一度もリードを許さずに競り勝った。

苦手意識を払拭、エナジー爆発

短期決戦で最も重要視される初戦を制し苦手意識を払拭させたブレックスは、第2戦でエナジーを爆発させた。

序盤からスクリーンプレーでスペースを生み、5本成功のLJ・ピーク、3本成功の渡邉裕規を筆頭に沈めた3点シュートは実に18本。渡邉が戦前にポイントに挙げた「一貫性と精度」の部分で完全に上回る展開となった。

第3クオーターには竹内公輔の執念の連続リバウンドから比江島の3点シュートにつなげた。球際の勝負の優位性は変わらず、時間の経過とともに点差が開く。川崎はファイトを見せ続けたポイントガード藤井祐真が第4クオーター序盤に負傷で退き、以降は完全に各選手の足が止まった。攻撃の手を緩めず、残り38秒の場面では田

臥勇太が今季初の3点シュートを決め、ブレアリの応援席を熱狂の渦に巻き込んだ。全てがかみ合う完勝劇だった。

川崎の佐藤賢次HCの敗戦の弁は、こうだ。「ビッグマン対ビッグマンのところで強みを出し切れなかった。球際の五分五分のところも全て取り切られた」

結果を残した最も自信を持つ戦法で受けて立った川崎と、本来の陣形を変えるリスクを負ってまで相手の良さを消しに行ったブレックス。宿敵に苦杯を喫し続けたことで生まれた「挑戦者のメンタリティー」が、勝負を分けたのだ。

「このチームはめちゃくちゃ良いチームだと思う」と安齋HCが実感を込めた。指揮官の信頼に応える各選手の見事な遂行力が、高くそびえ立つ〝壁〟をぶち破った。

B.LEAGUE
CHAMPIONSHIP
2020-21

外国籍選手が躍動
破竹の2連勝

B.LEAGUE クォーターファイナル 2020-21
ブレックスアリーナ宇都宮

5.14 FRI

GAME 1

宇都宮 **92-84** SR渋谷

5.15 SAT

GAME 2

宇都宮 **111-74** SR渋谷

藤井洋子・文
山田壮司・写真

B.LEAGUE QUARTERFINALS 2020-21

vs. サンロッカーズ渋谷

レギュラーシーズン最高勝率、東地区優勝の勢いを駆って
チャンピオンシップ（CS）に臨んだ宇都宮ブレックス
クオーターファイナルのサンロッカーズ渋谷との2連戦は、ジョシュ・スコット、
LJ. ピークがともに2戦合計で40得点をマークする奮闘を見せ、
破竹の2連勝でセミファイナル進出を決めた。

GAME 01

チームオフェンスが光った2連戦

レギュラーシーズン49勝11敗（東地区優勝）と、2018-19シーズンと並びチーム最高勝率で迎えたチャンピオンシップ（CS）。クオーターファイナル（QF）の相手は、ワイルドカード2位（東地区5位）のサンロッカーズ（SR）渋谷となった。両チームのレギュラーシーズン（RS）の対戦は、4戦中ブレックスの3勝1敗となっている。

ブレックスは鵤誠司、遠藤祐亮、LJ・ピーク、ライアン・ロシター、ジョシュ・スコットと、RSと同じスタートメンバー。SR渋谷は、ベンドラメ礼生、関野剛平、広瀬健太、ライアン・ケリー、チャールズ・ジャクソンという顔ぶれ。

試合序盤は、ピーク、スコットの得点によりブレックスが先にリズムを掴み、18-14で1Q（クオーター）を終えた。2Qは渡邉裕規の3ポイントシュート

クオーターファイナル
第1戦　2021.5.14
（ブレックスアリーナ宇都宮、2201人）

vs. サンロッカーズ渋谷

宇都宮	92-84	SR渋谷
第1Q	18 - 14	
第2Q	25 - 17	
第3Q	22 - 24	
第4Q	27 - 29	

宇都宮	得	③	②	F	R	反
ギブス	6	0	3	0	3	5
ピーク	28	1	9	7	5	1
比江島	4	0	1	2	1	3
テーブ	0	0	0	0	1	2
遠藤	9	3	0	0	2	1
竹内	0	0	0	0	2	1
渡邉	3	1	0	0	1	2
鵤	7	1	1	2	1	4
ロシタ	13	1	3	4	8	2
スコッ	22	0	7	8	12	1
計	92	7	24	23	40	22

渋谷	得	③	②	F	R	反
関野	0	0	0	0	1	2
ベンド	14	1	3	5	2	5
ジャク	19	0	8	3	16	2
マカド	20	0	8	4	5	2
渡辺	0	0	0	0	0	1
広瀬	0	0	0	0	1	4
石井	10	2	2	0	2	4
山内	6	2	0	0	1	2
ケリー	12	0	4	4	2	2
盛実	3	1	0	0	1	1
田渡	0	0	0	0	0	1
計	84	6	25	16	34	26

B.LEAGUE QUARTERFINALS 2020-21

vs. サンロッカーズ渋谷

B.LEAGUE
CHAMPIONSHIP
2020-21

や鵜のシュートが決まり、29－24の5
点差でオフィシャルタイムアウトを迎
えた。タイムアウト明けにコートに入
た比江島慎は本来シューティングガー
ドだが、ここではポイントガードの役
割をするなど、RSでは見られなか
た仕掛けも飛び出した。
　しかし、この日一番に会場を湧かせ
たのは、前半残り2分半ごろの遠藤の
ディフェンスだった。エンドラインからの
スローインを受けてボールを運ぶSR
渋谷のベンドラメに対し、遠藤は前か
ら激しくディフェンスにあたり、ベンド
ラメはボールをフロントコートまで運
ぶことができず、8秒を経過。この8
秒バイオレーションに観客は大盛り上
がりで大きな拍手を贈り、遠藤もそ
れに応えるように、直後には3ポイン
トシュートを沈め、攻守で見せ場をつ
くった。
　後半もスコットがリバウンド、シュー
トとゴール下で躍動し、52－35とこの
日最大の17点差をつけたところで、
SR渋谷がたまらずタイムアウトを
要求。タイムアウトが明けると、SR
渋谷はディフェンスのギアを一段上げ、
ボールを運ぶブレックスの選手にオー
ルコートで激しくあたり、ダブルチー
ムを仕掛けた。
　こうしたディフェンスの圧にパスコー
スを塞がれたブレックスは、ターンオー
バーを誘発される。その間、SR渋谷
はジャクソンやジェームス・マイケル・マ
カドゥを中心に得点を重ねていき、17
点まで開いた点差はいつの間にか4点
差にまで詰められてしまった。その後、
ピークが強気のインサイドアタックで
嫌な雰囲気に風穴をあけると、スコッ

トもそれに続けとばかりに体を張ったプレーで勢いを与えた。
　この日、ピークは28得点、スコットは22得点。ロシターに至っては、13得点を挙げながら、チーム最多の7アシストを記録。こうして92-84とブレックスが逃げ切り、一つ目の勝利を飾った。

SR渋谷のディフェンスを攻略

　2試合目の試合序盤は、スコットが躍動した。SR渋谷もベンドラメやケリーなどが得点を重ね、24-24の同点で1Qを終えた。2Qは、ギブスが魅せた。ギブスは前日の自身のパフォーマンスに納得していなかったようで、「そういう時の翌日の試合は必ずやってくれるので、今日は期待していた」と安

GAME 02

クオーターファイナル
第2戦　2021.5.15
(ブレックスアリーナ宇都宮、2212人)

vs. サンロッカーズ渋谷

宇都宮 **111-74** SR渋谷

	宇都宮		SR渋谷
第1Q	24	–	24
第2Q	24	–	14
第3Q	26	–	17
第4Q	37	–	19

宇都宮	得	③	②	F	R	反
田　臥	0	0	0	0	0	1
ギブス	22	0	10	2	6	2
ピーク	12	2	2	2	7	2
比江島	13	2	3	1	2	0
テーブ	4	1	0	1	0	2
遠　藤	5	1	0	2	1	2
竹　内	8	0	3	2	4	0
渡　邉	6	2	0	0	1	1
鵤	9	1	3	0	0	1
ロシタ	4	0	2	0	6	0
喜多川	10	2	1	2	0	2
スコッ	18	1	6	3	6	2
計	111	12	30	15	42	15

渋　谷	得	③	②	F	R	反
関　野	2	0	0	2	0	1
ベンド	9	1	2	2	2	1
ジャク	3	0	1	1	4	1
マカド	8	0	2	4	6	3
渡　辺	0	0	0	0	0	1
野　口	3	1	0	0	0	2
広　瀬	0	0	0	0	0	1
石　井	6	2	0	0	0	2
山　内	5	1	1	0	1	3
ケリー	28	4	7	2	7	0
盛　実	5	1	1	0	0	1
田　渡	5	0	2	1	1	2
計	74	10	16	12	25	18

B.LEAGUE QUARTERFINALS 2020-21

vs. サンロッカーズ渋谷

B.LEAGUE CHAMPIONSHIP 2020-21

齋竜三ヘッドコーチ（ＨＣ）が話す通り、このクオーターだけで12得点の大活躍。

試合を決定付けたのは、３Ｑの立ち上がりだ。ブレックスのターンオーバーを誘い、なんとか流れを掴みたかったＳＲ渋谷は、ショーディフェンス（ダブルチーム）でトラップを仕掛けてきた。しかしブレックスは冷静にそれをかわし、逆に空いたスペースでワイドオープンのシュートを次々と沈めた。ピーク、遠藤、鵤と３本の３ポイントシュートが決まり、これ以降、流れはブレックスに傾いた。

４Ｑには、比江島が覚醒した。華麗なスピンムーブでバスケットカウントをもらい、その後もフェイダウェイシュート、ファストブレイクからのレイアップシュートと、バリエーション豊富に得点を重ねる。

ＳＲ渋谷は、主力メンバーとして活躍していたジャクソンが目を負傷して退場してからリズムを崩し、得点が停滞。それでもケリーを中心に最後まで果敢に攻め続け、ディフェンスでも流れを変えようと仕掛けたが、それをブレックスがことごとく攻略し、ＳＲ渋谷は開いた点差を詰めることができなかった。最終的には１１１－74と、最後まで緊張感を持って戦ったブレックスが大差で勝利した。

試合後、安齋ＨＣは「リーグでも上にいるチームは、ディフェンスが激しいチームが多く、そうしたチームへの対応も学べた。この２試合で学んだことを、セミファイナル（ＳＦ）に生かしたい」と力強くを語り、視線はすでにＳＦへと向けられていた。

RYUZO ANZAI

interviw

安齋竜三 HC《ヘッドコーチ》

就任4シーズン目にして、地区優勝、そしてファイナルの舞台にチームを導いた。バスケットに関しては厳しい反面、選手の気持ちを大事にする、温かく、熱い指揮官。

全員の方向性を合わせていけた

――レギュラーシーズンは49勝11敗と、安定感のある成績でした。

シーズン中はいろんなことがありましたが、チームとしては崩れずにいけました。選手それぞれ、いろんな感情を持ちながらプレーしていたと思います。自分のエゴではなく、チームを優先してくれた結果がこの勝率に繋がっていますし、それがなければここまで勝てなかったと思います。

Bリーグも5年目に入り、海外の有力な選手が加わり、経営面で安定しているチームも増えてきた中で、チーム力に差がない状態になってきています。そうした中であれだけ勝つというのはとても難しいことですし、そこを勝ってこられたのは、もちろん選手のタレント性もありますが、何よりチームがやろうとしていることに全員の方向性を合わせていけたからだと思っています。そこにはスタッフやアシスタントコーチ(AC)陣のサポートもあり、選手たちの努力もありました。

――レギュラーシーズン勝率1位の意味をどのように捉えていますか。

レギュラーシーズンの優勝には、多くの要素が含まれていました。チャンピオンシップ(CS)をホームで開催できるということ、それによって会社にとってはCSの試合数の分収入が増えるという側面もあります。最後の優勝はもちろん大切なことですが、その土台をつくるためのレギュラーシーズン（RS）で、チーム、会社を存続させていくためにも重要な60試合だと思っていました。

「自分たちはどういうチームか」ということを、周りに発信していくことがRSの価値であり、今シーズンはそれができたのが良かったです。このチームは、この先、何十年もこの地で大きくなっていかなければいけません。今は、その序盤の時期だと思っていますし、そう考えてもRSは本当に大切な意味合いがありました。

――CSを振り返って、あらためて感想を聞かせてください。

楽しかったです。ホームでクォーターファイナル（QF）とセミファイナル（SF）を開催できることになりファンの皆さんとブレアリで戦ったわけですが、特に川崎ブレイブサンダースには今シーズンはほとんど勝てていない状況だった中でも、「ブレアリなら何とかなるな」という思いが僕の中にはありました。そういうチャレンジも楽しみでしたし、そこを「BREX NATION」で突破できたことは大きかったです。

優勝して、皆さんに喜んでもらいたかったので残念ではありますが、選手やスタッフは本当によくやってくれました。ファンの皆さんの応援も素晴らしくて、最後に負けてしまいましたが、やり切った感はありました。

――ファイナル1戦目の入りは、少し浮足立っている印象もありました。HCとしてはどのように見ていましたか。

ずっとホームでやっていたところから横浜アリーナという大きな会場に行き、またファイナルということも影響していたのかもしれません。その辺りは、少し心配はしていましたが、うちは経験のある選手も多いですし、少しプレーをすれば慣れてメンタル的にも戻ってくるだろうと考えていました。心配はしていたけど、そこまで深く心配していなかったというのが正直なところです。でも今思うと、試合に入るためのメンタル

今シーズン、このチームの指揮を執れたことは、本当に幸せでした。

の作り方、気持ちの持っていき方は、もう少し考えるべきだったかなと思います。みんな不安や緊張がある中で、自分たちのプレーをするためにどういう感情で試合に臨むべきだったのか。1試合目が終わった時に、そこはすごく考えました。

自信とプライドを持って戦うしかない

――1戦目は敗戦となり、逆に2戦目はやるしかないという状況になりました。

1戦目のバスケットは、自分でも「こんなバスケしてちゃダメだよな」という思いしかなくて、「これをするためにここまでやってきたわけじゃない」と思っていました。だから2戦目は、ブレックスらしいバスケットを見せなきゃいけないという思い、それだけでした。勝ち負けはその後のことで。ファイナルで、あんなに注目されている試合で、応援してくれている人たちに対して、ああいうゲームだけで終わるわけにはいかないという思いです。

――仮に、ブレックスらしいゲームができず、ファイナル2連敗でシーズン終了となったら、悔しさしか残らないですよね。だから、そのことは選手たちに伝えました。「今までやってきた自信とプライドを持って戦うしかない」と。

――ファイナル2戦目の試合後には、渡邉裕規選手やライアン・ロシター選手が「東地区で優勝したプライドを見せることができたんじゃないかな」と手応えを口にしていました。

プライドについては、僕がHCになってから、何度か話したことがありました。「ブレックスメンタリティー」と言ってもらっていますが、そういうものを見せてきたから今のクラブ、ファン、スポンサーさんがあると思うので、それを見せられないのなら、もうやめた方がいいと思っています。僕たちは好きなことをして生活しているわけですから、そのプライドを見せられないのならプロとしてやっていく資格がないですし、申し訳なさ過ぎてやる価値などない、と。だから「〝ブレックス〟という名前を付けて戦っているプライドは、絶対持たなきゃいけない」と話しました。僕はずっとこのチームにいるので、より強くそう思っています。

RYUZO ANZAI
interviw

――ファイナルの記者会見ではベテランの貢献についても話していましたね。1つの例として、「ベンチでの田臥勇太選手の一言が大きかった」ということでしたが、どのようなことを話していたのですか。

良い流れの時はベンチも盛り上がっていますが、悪い状況になると静まり返ってしまうんです。2戦目はずっと良い状況だったのですが、点差が開いてきて少し守りに入り出した時があり、そうするとベンチもシーンと静かになってしまいました。そんな時に、勇太がベンチに向かって言ったんです、「沈んでいるな」と。タイムアウトで選手がベンチに帰って来た時も、「守りに入っちゃダメだ」と話してくれて、もう一度、良い状況をつくることができました。お陰で不安な状況になりそうな時にグッと堪えられて、また20点差ぐらいまで離すことができました。

勇太本人も試合に出るためにずっと準備をしていたのに、そういう役割をやってくることがすごく嬉しかったです。僕は経験の浅いHCなので、いつも佐々(宜央)やマッチ(町田洋介)という2人のACに助けてもらっていますし、勇太や(喜多川)修平も、プレータイムの部分ですごく我慢してもらいましたが、「そんなの全然気にしないでください」と言ってくれていました。全員でそういうチームをつくってくれました。

――安齋HCにとって、今シーズンのブレックスはどのようなチームでしたか。

今年はめちゃくちゃ良いチームでした。毎シーズン「優勝したい」と思ってシーズンに臨んでいますが、「優勝できるな」と自信を持って言えるシーズンは、なかなかありません。今シーズンはそうした自信もありましたし、そういうチームになっていきました。ですから、今シーズン、このチームの指揮を執れたことは、本当に幸せでした。

【 あんざい りゅうぞう 】

1980年11月10日生まれ、福島県出身。ブレックスが創設された2007年から在籍し、13年に惜しまれつつ選手を引退。14年にACに就任。前任HCの退任を受けて、17年11月10日にHC就任。

宇都宮ブレックス　2020-21 season

勇者たちの素顔「FACE」

比江島 慎

MAKOTO HIEJIMA

interviw

藤井洋子・文　山田壮司・写真

勇者たちの素顔
FACE #6

ケガによりシーズン中盤に戦線離脱したものの、
復帰後は徐々に調子を上げて臨んだチャンピオンシップ。
勝敗を分ける重要な場面では、チームをけん引する
気迫あるプレーを披露し観客を魅了した。

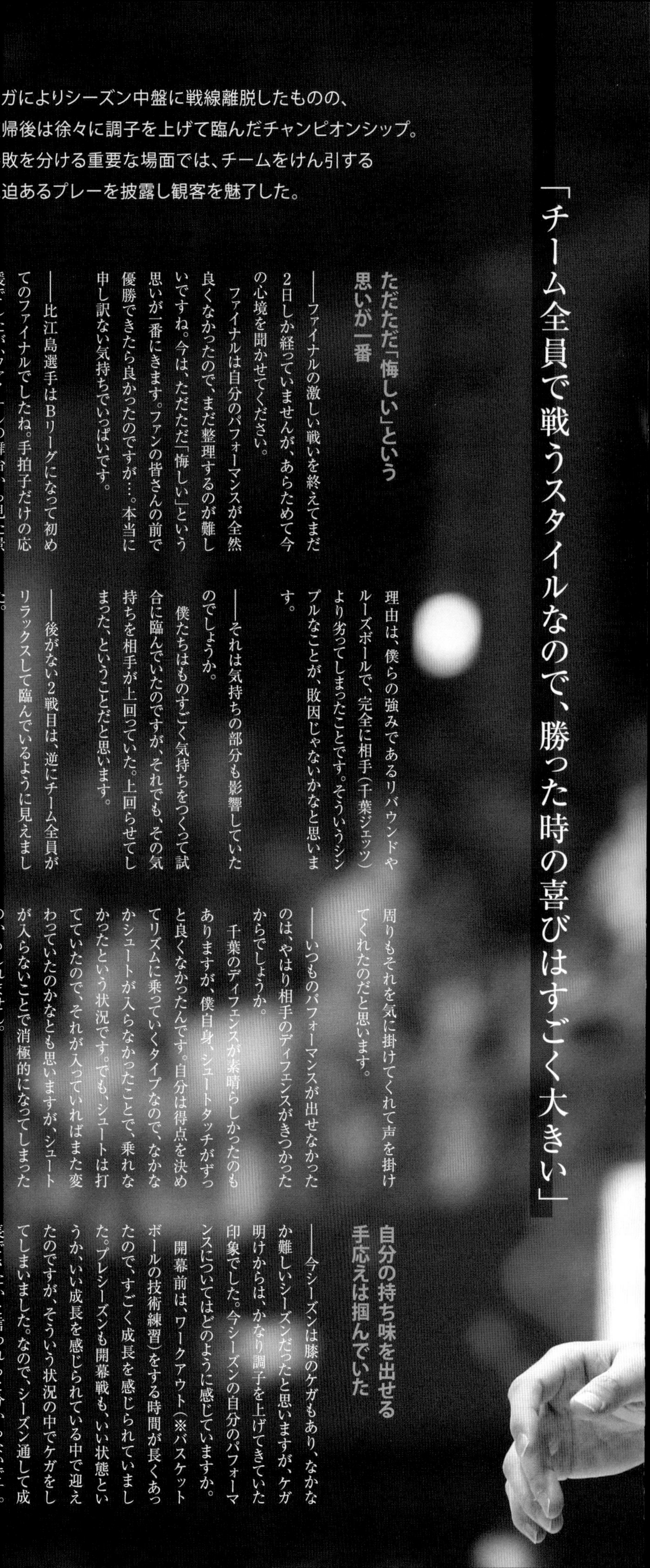

「チーム全員で戦うスタイルなので、勝った時の喜びはすごく大きい」

ただただ「悔しい」という思いが一番

――ファイナルの激しい戦いを終えてまだ2日しか経っていませんが、あらためて今の心境を聞かせてください。

ファイナルは自分のパフォーマンスが全然良くなかったので、まだ整理するのが難しいですね。今は、ただただ「悔しい」という思いが一番にきます。ファンの皆さんの前で優勝できたら良かったのですが…。本当に申し訳ない気持ちでいっぱいです。

――比江島選手はBリーグになって初めてのファイナルでしたね。手拍子だけの応援でしたが、ファイナルの舞台から見た景色、会場の雰囲気やファンの後押しはいかがでしたか。

素晴らしかったです。ファイナル独特の緊張感もありましたし、注目度も高い中での試合でしたので、やっている選手からしたらすごく幸せな光景でした。

――ファイナルの1戦目は、いつものブレックスらしさが出せない試合展開となり、20点差で敗戦となりました。

いろんな緊張感の中での試合だったので、いつもとは違うリズムになってしまった部分はあったのかなと思います。でも一番の理由は、僕らの強みであるリバウンドやルーズボールで、完全に相手（千葉ジェッツ）より劣ってしまったことです。そういうシンプルなことが、敗因じゃないかなと思います。

――それは気持ちの部分も影響していたのでしょうか。

僕たちはものすごく気持ちをつくって試合に臨んでいたのですが、それでも、その気持ちを相手が上回っていた。上回らせてしまった、ということだと思います。

――後がない2戦目は、逆にチーム全員がリラックスして臨んでいるように見えました。

負けたら終わりの状態だったので、もう失うものがないというか。1戦目を経験したことでだいぶ緊張もほぐれて、リラックスした状態で臨めました。

――1勝1敗で迎えた3戦目は、どのような気持ちで迎えましたか。ヘッドコーチ（HC）からは「アグレッシブに、楽しんでやってくれと声を掛けられた」と言っていましたが、周りからの声掛けもあったのですか。

ありました。僕は、1戦目2戦目といつものパフォーマンスを出せていなかったので、周りもそれを気に掛けてくれて声を掛けてくれたのだと思います。

――いつものパフォーマンスが出せなかったのは、やはり相手のディフェンスがきつかったからでしょうか。

千葉のディフェンスが素晴らしかったのもありますが、僕自身、シュートタッチがずっと良くなかったんです。自分は得点を決めてリズムに乗っていくタイプなので、なかなかシュートが入らなかったことで、乗れなかったという状況です。でも、シュートは打てていたので、それが入っていればまた変わっていたのかなとも思いますが、シュートが入らないことで消極的になってしまったのかもしれません。

――3戦目は、それこそアグレッシブに攻めていましたし、積極的にシュートも打っていましたね。

いやいや。全然、納得できませんでした。1戦目2戦目はチームに迷惑を掛けてばかりだったので、3戦目は楽しめるように、シンプルにやろうと心掛けて、確率は良くはなかったですが、苦しい場面で決められたシュートもありました。けど、やっぱり自分の役割、立場として、チームを勝たせてなんぼだと思うし、それができなかったので…。

自分の持ち味を出せる手応えは掴んでいた

――今シーズンは膝のケガもあり、なかなか難しいシーズンだったと思いますが、ケガ明けからは、かなり調子を上げてきていた印象でした。今シーズンの自分のパフォーマンスについてはどのように感じていますか。

開幕前は、ワークアウト（※バスケットボールの技術練習）をする時間が長くあったので、すごく成長を感じられていました。プレシーズンも開幕戦も、いい状態というか、いい成長を感じられている中で迎えたのですが、そういう状況の中でケガをしてしまいました。なので、シーズン通して成長できたかと言われると分からないです。ただ、ケガをする前の体に戻せたことが、一番の収穫だったのかなと思います。

――個でも戦える比江島選手がチームに融合するという部分での手応え、あるいは難しさを感じる部分はありましたか。

ブレックスのスタイルはチーム全員でボールをシェアしてチーム全員で攻めるというスタイルなので、その中で自分の持ち味を出すというのは、最初は難しさを感じていましたが、今シーズンに関しては、ブレックスの中で自分の持ち味を出せる手応えは掴んでいました。だから、ケガさえなけれ

HIEJIMA

ば…という思いが強いです。ケガ明けで戻ってくる時にも、チームはものすごく状態が良くて試合にも勝っていたので、そこでまた難しさを感じてしまいました。

——ケガがなければ…と思うと、やはり悔しいですね。

でも、シーズン終盤には、また手応えを掴みつつあったんですよね。4月21日の秋田（ノーザンハピネッツ）戦とか。

——チームとして印象に残っている試合はありますか。

ＬＪ（ピーク）はもともと能力が高い選手ですが、僕がケガをしてから得点しなきゃいけないという意識が強くなって覚醒したというか、だんだん能力が開花したのかなと思っています。僕がケガで抜けて、ＬＪが自分の役割を見つけられた部分もあると思うし、自分が戻ってきてからは、3月24日の富山（グラウジーズ）に負けて、そこでまた自分たちのバスケットを見つめ直して、ミーティングして、よりチームとしてまとまれたのかなと思います。

——総括して、今シーズンは比江島選手にとってどのようなシーズンになりましたか。

結果が結果だったので、今は「悔しい」という感情しかないですね。ケガをしてしまって、チームに貢献できなかったという気持ちが大きくて、やっぱり悔しいシーズンになってしまいました。でもチームとしては東地区1位ですし、全員で戦ってこういった状況の中でレギュラーシーズン1位を取れたことは価値が高いと感じています。僕がケガをしてチームを観ていた時も、プレーしている時も、すごく良いチームだなと感じていたので、チームとしての出来はすごく良かったと思います。

——今シーズンの経験を、どう活かしていきたいですか。

ケガの影響が大きくて、自分の体と向き合ういい機会になりました。またケガをしないように体作りは引き続きやっていきたいですし、シュート確率はさらに上げていきたいです。

——あらためてブレックスというチームは、どのようなチームだと感じますか。

選手もスタッフ陣も、みんな明るいですよね。そういう雰囲気を作ってくれているので、僕自身も笑顔が多くなったかもしれないですし、チーム全員で戦うスタイルなので、勝った時の喜びはすごく大きいです。

——ファイナルの記者会見では、比江島選手の代わりに安齋竜三ＨＣが記者の質問に答えるシーンもありました。比江島選手にとって、安齋ＨＣはどのような存在ですか。

バスケの時は本当に熱くて、傍からみたら厳しい部分もあると思いますが、コートを離れるとものすごく優しい人です。選手のことをすごく気に掛けてくれますし、とてもいい人です。友達からは「めちゃくちゃ怖いんでしょ?」って言われますけど（笑）。周りにはいろんな気を使っているんだろうなと思いますし、うちはこれだけメンバーがいて、優勝しなければいけない立場なので、本当に大変だろうなと思います。

——安齋ＨＣに話を聞いていると、比江島選手の名前はよく出てくるんですよ。

やっぱり気を使わせちゃってるな～（笑）。

MAKOTO

FACE #6

比江島慎

【 ひえじま まこと 】

1990年8月11日生まれ、福岡県出身。190㎝、88kg。
青山学院大学→2013年シーホース三河→
18年ブリスベン・ブレッツ（オーストラリア）→19年1月からブレックス。

田臥勇太

藤井洋子・文　山田壮司・写真

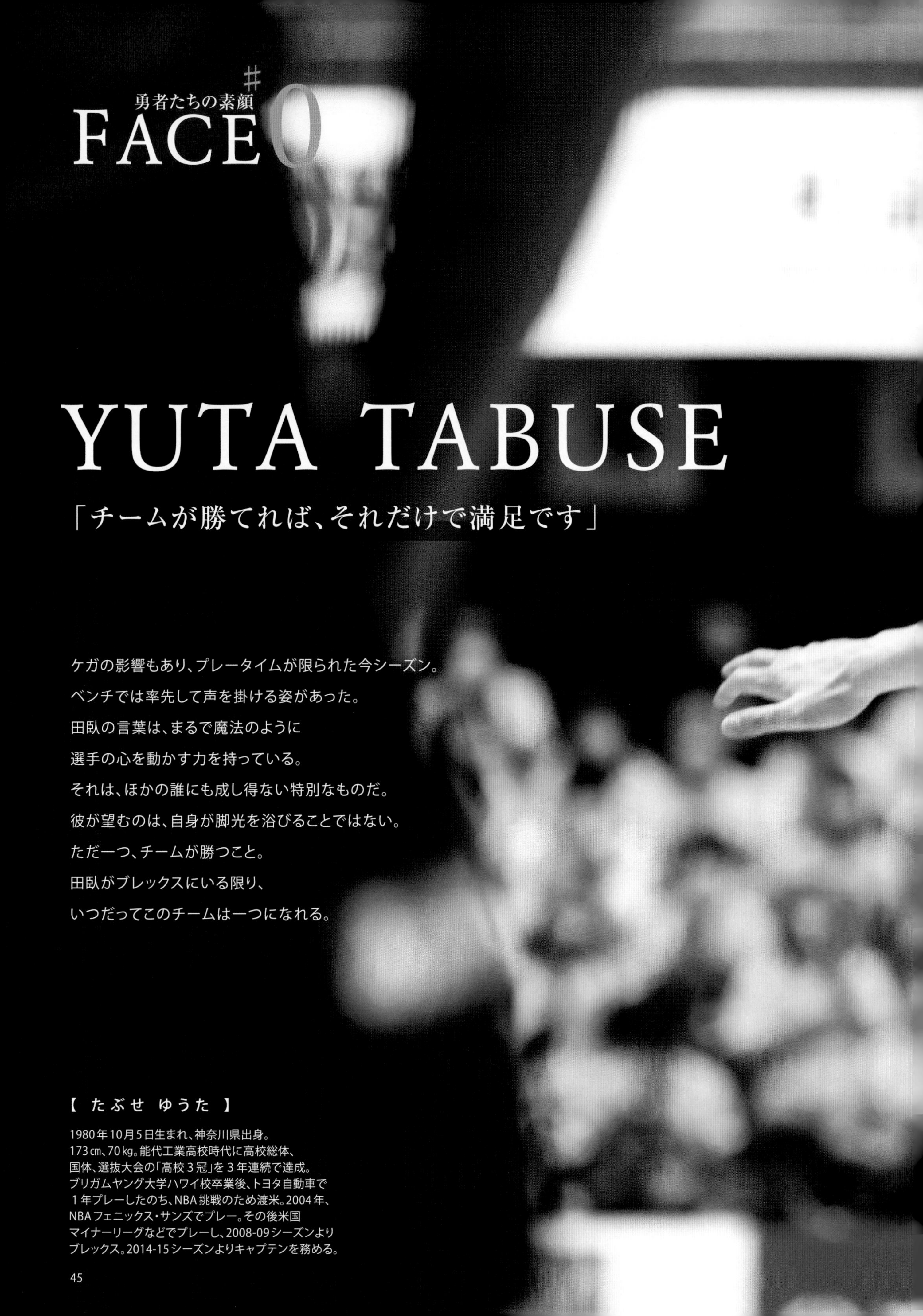

勇者たちの素顔

FACE #0

YUTA TABUSE

「チームが勝てれば、それだけで満足です」

ケガの影響もあり、プレータイムが限られた今シーズン。
ベンチでは率先して声を掛ける姿があった。
田臥の言葉は、まるで魔法のように
選手の心を動かす力を持っている。
それは、ほかの誰にも成し得ない特別なものだ。
彼が望むのは、自身が脚光を浴びることではない。
ただ一つ、チームが勝つこと。
田臥がブレックスにいる限り、
いつだってこのチームは一つになれる。

【 たぶせ ゆうた 】

1980年10月5日生まれ、神奈川県出身。
173㎝、70㎏。能代工業高校時代に高校総体、
国体、選抜大会の「高校３冠」を３年連続で達成。
ブリガムヤング大学ハワイ校卒業後、トヨタ自動車で
１年プレーしたのち、NBA挑戦のため渡米。2004年、
NBAフェニックス・サンズでプレー。その後米国
マイナーリーグなどでプレーし、2008-09シーズンより
ブレックス。2014-15シーズンよりキャプテンを務める。

「プライドを持ってプレーすることが重要だ。自信を持って、王者らしく」

勇者たちの素顔 FACE #22

「例えば明日の試合で遠藤が5本の3ポイントシュートを決めるなら、
僕は彼の邪魔をしないようにするし、
試合の入りがスローなのであれば、僕がアグレッシブに攻めにいく」
状況に合わせた的確な判断と、抜群の統率力でチームをまとめる。
最後まで諦めない精神を宿す、チームの大黒柱。

RYAN ROSSITER

藤井洋子・文　山田壮司・写真

【 ライアン ロシター 】

1989年9月14日生まれ、
アメリカ合衆国出身。206㎝、108㎏。
シエナ大→ブレックス。
コートではコーチのように声を出し、
リーダーシップを発揮する
頼れるバイスキャプテン。
2019年に日本国籍取得。

ライアン ロシター

「ファンの皆さんとチームメートを誇りに思う」

1戦目の敗戦は メンタル的に食らった

――激しい戦いを終えた、今の率直な気持ちを聞かせてください。

今回のチャンピオンシップ（ＣＳ）は2戦先勝という初めての形式ということもあって、1戦目の入り方が重要だと思っていましたが、ファイナルの1戦目は20点差で負けてしまい、自分にとってはそれが衝撃で、結構メンタル的に食らったところがありました。それでも2戦目ではやり返すことができましたし、3戦目は最後の最後までどちらが勝つか分からないような試合ができました。勝ち切ることはできませんでしたが、3戦目は自分たちがシーズン通してやってきたことを出せたと思っています。

ファイナルからまだ2日しか経っていないので、「優勝したかった」という気持ちは消えていませんが、最後に横浜アリーナで、最高のメンバーとファンの皆さんと一緒に戦えたことは、すごく楽しかったです。

――「1戦目の敗戦は衝撃だった」とのことですが、実際にコートに立っていて、どのような状況だったのですか。

千葉ジェッツの方がファイナルでの戦い方を知っている選手が多くいたこともあって、1戦目の入り方をよく分かっていました。どのくらいのインテンシティ（強度）で入るのかということを理解していて、そういった部分が自分たちより上回っていました。そうした経験が、メンタル的な部分での差を生んでしまったのかなと思います。

1戦目はリバウンド、ルーズボールという、本来負けてはいけない部分で負けていたので、2戦目は「そこにプライドを持ってやろう」とチームで話しました。自分としてもそこをしっかりできれば勝てるという自信があったので、2戦目はリラックスして、相手どうこうではなく自分たちにフォーカスしてプレーしました。

――3戦目は最後の最後まで接戦で、非常に見応えのある試合となりました。

勝っても負けても最後の試合だったので、自分らしいプレー、ブレックスらしいバスケットをしようと思って臨みました。全員が消極的になることなく、ミスを恐れることなくできたんじゃないかなと思います。

精神的な部分は成長できた

――今シーズンの自身のパフォーマンスについては、どのように評価していますか。

例年に比べ、数字的な部分は下がっています。ＬＪ（ピーク）やジョシュ（スコット）が加入し、（テーブス）海もシーズンの最初からいましたし、比江島（慎）もブレックスで本来のパフォーマンスを出せるようになってきていました。そういう得点能力の高い選手がより多くこのチームにいる中で、自分のチャンスは今までのシーズンよりもかなり減っていて、そこで結果を出すのは難しかったです。

シュートも入らないことが多くて、なぜだろう、と。自分に対してのフラストレーションをすごく感じたシーズンでした。それでも自分はプレータイムをもらっていましたし、先輩たちは、〝チームのために自分がどうあるべきか〟ということを理解してプレーしているように見えました。

そういうこともあって、得点能力が高い選手が多い中で自分は何をするべきか、ということを理解していった感じです。なので数字は下がりましたが、プレーヤーとしてチームとどう向き合うべきかという部分、選手としての精神的な部分は成長できたと思いますし、強くなったんじゃないかなと思います。

――ファイナルの記者会見で、「シーズン中盤までは気持ちの浮き沈みがあったけど、終盤になるにつれ自分のことよりもチームのことを優先できる気持ちの余裕も出てきた」と話していましたね。これは、先輩たちの姿勢を見たことで気持ちが変わっていったということですか。

それもありますし、いつの間にか〝自分が、自分が〟という感じになっていたなと気付いたんです。チームが良くても自分の調子が悪かったら気持ちが落ちてしまっていたりという部分があったのですが、自分はもともと試合に出られない時期がありましたし、出た時はやるべきことを徹底してやるのが自分だったのに、と。それをシーズン中に思えたことがきっかけだったのかもしれません。

――今シーズンは、シュートがなかなか入らない試合でも、打ち続ける姿が印象的でした。ファイナルでもそうして調子を上げていったように見えましたが、これも気持ちの変化だったのでしょうか。

シュートを躊躇してしまうとチームにとって悪い方向にいくなと思っていたので、外れてもジョシュやライアン（ロシター）、ジェフや（竹内）公輔さんがいるので、彼らを信頼して打とうと、打てば何かが生まれるなと思って打ち続けました。

勝つために多くのことを 犠牲にしてきた

――最後の試合の後、「負けてしまって悲しい思いもあるけど、自分たちはファンの皆さんを誇りに思うし、チームメートを誇りに思う」と話していましたね。これは、どういう背景があっての言葉だったのですか。

練習では努力し合って、ほぼ全員が練習の前か後にワークアウトをしていました。そういうふうに、チームのために自分を高めようとする思いがチーム全体にあって、1シーズン通して誰一人怠けることなく同じ方向を向くことができました。ジョシュはケガ明けの時など自分はもっとできるという思いがあっただろうし、ＬＪも、慎も、海も、みんなもっと試合に出たい、もっと点

藤井洋子・文　山田壮司・写真

勇者たちの素顔

FACE #9

得点力のあるメンバーが増えたことが、自分の持ち味を見つめ直すきっかけに。新たな自分を見つけ出すと同時に精神的な強さを手に入れた。シーズン序盤のもがきは、さらなる成長の後押しとなった。

遠藤祐亮

YUSUKE ENDO

interviw

を取りたい、ボールに触っていたいという思いがあるはずなのに、そういうことを我慢して、勝つために多くのことを犠牲にしてやっていました。

ナベ（渡邉裕規）さんも、昨シーズンはスタートで出ていましたが、今シーズンはセカンドユニットに回り、チームのために声を出してくれました。そういうふうに自分の気持ちを削っている選手が多くて、全てチームのためにやっているんだなと思ったら、本当にすごいというか、リスペクトしていました。その姿を見ているうちに、自分が出るからには躊躇してやっていちゃダメだと思うようになりました。

——特にシーズン終盤からＣＳにかけては、声を出している姿も多く見られるようになりました。

「絶対に優勝できるだろう」と、ここまで思えたのは今シーズンが初めてだったんです。その中で、自分が何をするべきかと考えて、声掛けしなければいけないと思っていましたし、実際、声を掛けた選手は上がっていくので、ＣＳに入ってからはより意識してやるようにしていました。というか、勝ちたい気持ちがそうさせたのかなと思います。

——そのほか、今シーズンの自分の成長という部分で得たもの、手応えを感じられた部分はありましたか。

声掛けもそうですが、チームに対してエネルギーを与えられるようなプレーや言動は、ＣＳに入ってからできるようになったと思っています。それがチームにとってどんどん良い方向にいったので、ＣＳの7試合でしたが自分の中ではすごく手応えがありました。

来シーズンはレギュラーシーズンの最初からできるようにしていきたいです。プレー面に関しては、もっと磨きを掛けなければいけない部分もたくさんありますが、このチームに自分がいる理由を考えて、年齢も年齢なので若い選手には自分から声を掛けてチームを上げていければいいなと思っています。それが来シーズンの自分に、期待したいことです。

ENDO

FACE #9

遠藤祐亮

【 えんどう ゆうすけ 】

1989年10月19日生まれ、千葉県出身。185㎝、81kg。
大東文化大学→2012シーズン途中にコールアップされ、
TGI D-RISEからブレックスへ。チーム唯一の生え抜き選手。
2度のベストディフェンダー賞受賞のほか、
2018-19シーズンにはベストファイブにも選出された。

YUSUKE

渡邉裕規

勇者たちの素顔

FACE #13

ブレックス最大の武器である「声」を奪われた今シーズン。
しかしブレックスのファンは、
新たに「クラップ」という武器を手に入れた。
ファイナルでは大事な１戦目を落としながら、
２戦目にカムバック。その原動力となったのは、
支えてくれるファンへの想いだ。
「このままでは終われない」という
渡邉の気迫溢れる言葉やプレーが
選手だけでなく、ファンをも蘇らせた。

【 わたなべ ひろのり 】

1988年3月22日生まれ、神奈川県出身。
青山学院大学→パナソニックトライアンズ
→2013シーズンよりブレックス。
2014-15シーズンより副キャプテン。

藤井洋子・文　山田壮司・写真

ONORI WATANABE

「ブレックスアリーナに声がなくても
ファンの人がいて、僕らが最高のパフォーマンスをすれば
完璧に近い会場にすることができる」

HIR

「自分たちのバスケットにフォーカスして、目の前の1戦に全力を注ぐ」

ジェフ ギブス

勇者たちの素顔

FACE #4

ゴール下でゴリゴリと相手を押し退ける時も
2m超えの選手たちに囲まれた
リバウンド争いの時でさえ
決して負ける気がしない。
しっかりとトレーニングを積んだ肉体は
40歳であることを、疑わせるほどに強靭だ。
大丈夫。
ギブスのスタミナに、限界はない。

JEFF GIBBS

藤井洋子・文　山田壮司・写真

【 ジェフ ギブス 】

1980年8月4日生まれ、
アメリカ合衆国出身。188cm、111kg。
オターバイン大→トヨタ自動車アルバルク
（現・アルバルク東京）→ブレックス。
大学時代アメフトで鍛えた強靭な肉体とウイングスパン
（両腕を広げた長さ）の長さでリバウンドを奪取する。

「自分一人の力じゃどうしようもできない。だから僕は、もっとチームに貢献できるようになりたい」

鵤 誠司

SEIJI IKARUGA

interviw

藤井洋子・文　山田壮司・写真

勇者たちの素顔

FACE #18

ディフェンス力とポイントガードとしての判断力を評価され、
スタート出場が定着。鵤の安定した活躍が、
東地区1位を成し遂げる大きな原動力となった。

悔しさはあるが、後悔はない

——2018-19シーズンのCS(チャンピオンシップ)セミファイナルの千葉ジェッツ戦では負傷し途中退場となってしまいましたが、今回は最後までコートで戦えました。初めてのファイナルを終えて、今どのような気持ちですか。

一番にくるのは、やはり悔しい気持ちです。優勝するチャンスは毎年あるものではないので。でも、負けて悔しい思いをするという経験ができたことはプラスに捉えています。ファイナルに限らず、1シーズン通してチームとして戦えたと思いますし、評価に値するチームだったと感じています。だから悔しさはありますが、後悔はありません。本当にチーム全員が役割を全うして戦い続けることができたシーズンでした。

——ファイナルの1戦目は、少し硬い入りだった印象がありました。

僕自身もそうですし、チームとしても気持ちが高まり過ぎていたのか、少し慌ててしまう部分がありました。今シーズン目標としてきたものが目の前にあり、掴み取るチャンスが2分の1の確率であって、どちらのチームもそれを取りたいと本気で思っていて…、そういう状況の中、いい緊張感でプレーしていたのですが、3Q(クォーター)で点差をつけられてしまい、まだまだ慌てる時間じゃないのに慌ててしまいました。そこからリズムが狂っていったのかなと思います。

2戦目では1戦目に慌てた部分をチームで共有して、やるべきことをやるしかないと話して、しっかりそれができたので勝つことができました。3戦目は、意地と意地のぶつかり合いのような部分もありました。我慢して我慢してプレーしていたのですが、あと一歩のところで千葉の方が上だった。僕らがやり切れなかった部分も多少ありましたが、それもいい経験と今は捉えています。もう終わりだ、というような感覚も一切ありません。

僕らは、リーグの中でも一番多くの試合数(67試合)を戦いましたし、負けはしましたが、やってきたことが間違いじゃないということを証明することもできたと思っています。

——今シーズンの試合の中で、印象に残っている試合はありますか。

今シーズンで連敗したのはレギュラーシーズンの川崎ブレイブサンダース戦だけですし、負ける試合が少なかったということもあり、負けた試合とその次の試合は印象に残っています。勝ち続けると「このままでいいや」というマインドになりますが、たまに負けるとみんな反省して、「もっとこうした方がいいんじゃないか」という気付きも出てくる。ミーティングでは、「ここを改善していこう」と共通意識を持てますし、そこを徹底した後の試合では、それができるようになっている。そういうことの積み重ねだったので、負けた試合と次の試合は特に印象に残っていますね。

〝チームのためにやるべきことをやる〟と決めている

——重要な場面でのスティールや効果的なファウル、強度の高いディフェンスなど、今シーズンの鵤選手はシーズン通してどんどんステップアップしていった印象があります。ご自身の中でも、選手として成長できたと感じられる部分はありましたか。

僕は、個人の数字は本当にどうでもよくて、〝チームのためにやるべきことをやる〟と決めています。それができることが一番ですし、そういったことができる選手になっていきたいと、あらためて思いました。自分の役割、仕事を徹底できるチームはやっぱり強いですよね。

——個人の数字にこだわらず、「チームのためにやるべきことをやる」と常々話されていますが、もともとそういった考えの持ち主だったのですか。それともブレックスでプレーする中で、そういう考え方になっていったのですか。

　昔からこうでした。僕は、チームのために動くことで評価される人間なんです。というのも、僕はずっと〝中心的な活躍はできない選手〟だと、自分自身のことを評価していました。僕に、比江島（慎）や富樫（勇樹）選手のような才能があれば、自分のスタッツを気にするかもしれないですし、試合をどうこうできるような選手だったらそうするかもしれません。だけど今の僕にはそれができないし、そういう（比江島選手のような）才能がないから、〝チームのためにできることをやる〟というスタイルになったのだと思います。

——今シーズンは、声出ししている姿も多く見るようになりました。ファイナルのコート上でもチームメートにもよく声を掛けていましたね。何か気持ちの上で変化があったのですか。

　自分の中では意識して変えたわけではないですが、声掛けってすごく大事なことで、うちのチームは全員がリーダーシップを持っているし、その中で気付いた人が気付いたことを言い、それを認め合うチームでもあります。そういったことをやれるチームは強いし、逆に、そういうことをやっていかないと勝てないということを全員が理解しているから、自然と増えていったのだと思います。

　このチームに来て、これまでにいろいろな成功体験をして、いろいろなことを積み上げてきたので、それができるようになったのかもしれません。

——今シーズンは、鵤選手にとってどのようなシーズンになりましたか。

　すごく濃い経験ができた、いいシーズンでした。東地区で優勝できたけど、天皇杯の決勝で負けたり、ファイナルで負けたりと悔しい思いもしました。その悔しさを味わえるのも限られた人間ですし、最後に悔しい思いをしたことで、また目標ができました。明確に、「優勝」という目標が。これをいい経験にして、しっかりと悔しい思いを持ったまま来シーズンに臨みたいと思います。

SEIJI IKARUGA

——今後に向けて、強化していきたいところや目標を教えてください。

　僕は天皇杯で負けてから「優勝したい」という思いがより強くなったのですが、ファイナルの舞台に初めて立って、そこで負けてまた悔しい思いをしたことで、より一層、その気持ちが強くなりましたし、「やり返したい」という気持ちにもなりました。

　でも自分一人の力じゃどうしようもできない。だから僕はチームのために、チームにもっともっと貢献できるようになりたいし、チームを勝たせるような選手になっていきたいです。それと、何があっても動じないメンタルを持った選手になりたいですね。

——動じないメンタルは、もう持っているじゃないですか。

　ファイナルの初戦ではちょっと慌てた部分もあったので、そういうところがまだまだです。自分がコートに立ってプレーしながらでも、客観的にコート全体を捉えられるような、そういう選手になりたいです。

FACE #18

鵤誠司

【 いかるが せいじ 】

1994年1月8日生まれ、福岡県出身。
184cm、96kg。青山学院大学→
広島ドラゴンフライズ→
2017-18シーズンよりブレックス。

一つのプレーで流れが大きく変わるファイナルの舞台。
竹内は、ルーズボールに飛び込むハッスルプレーでファンを沸かせた。
ビッグマンが増えたことで、以前よりプレータイムは限られたが
コートに立つたびに魅せる「ブレックスメンタリティー」は
観る者の心に、大きなインパクトを残した。

KOSUKE TAKEUCHI

「本当に幸せな空間でバスケットができている」

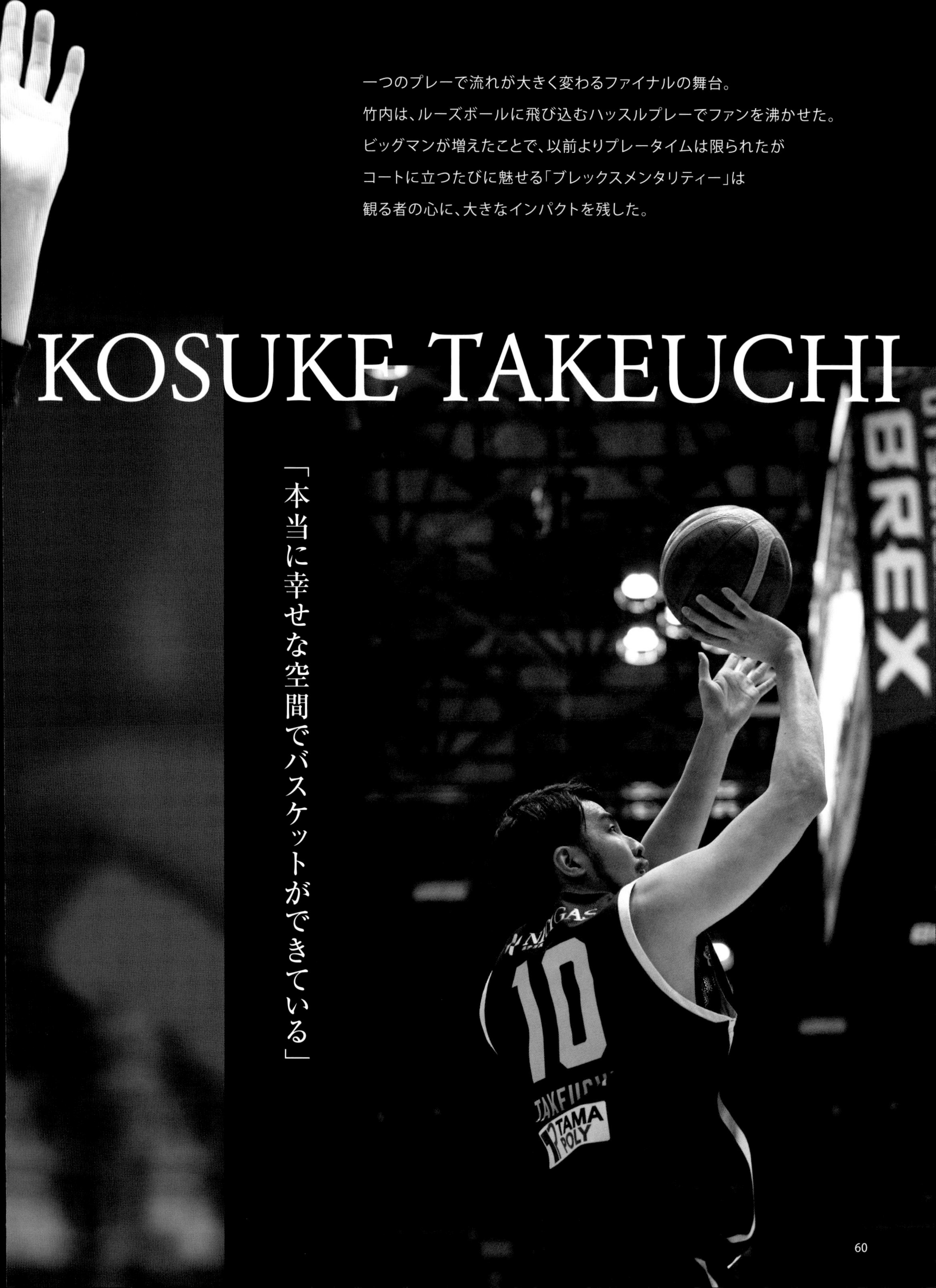

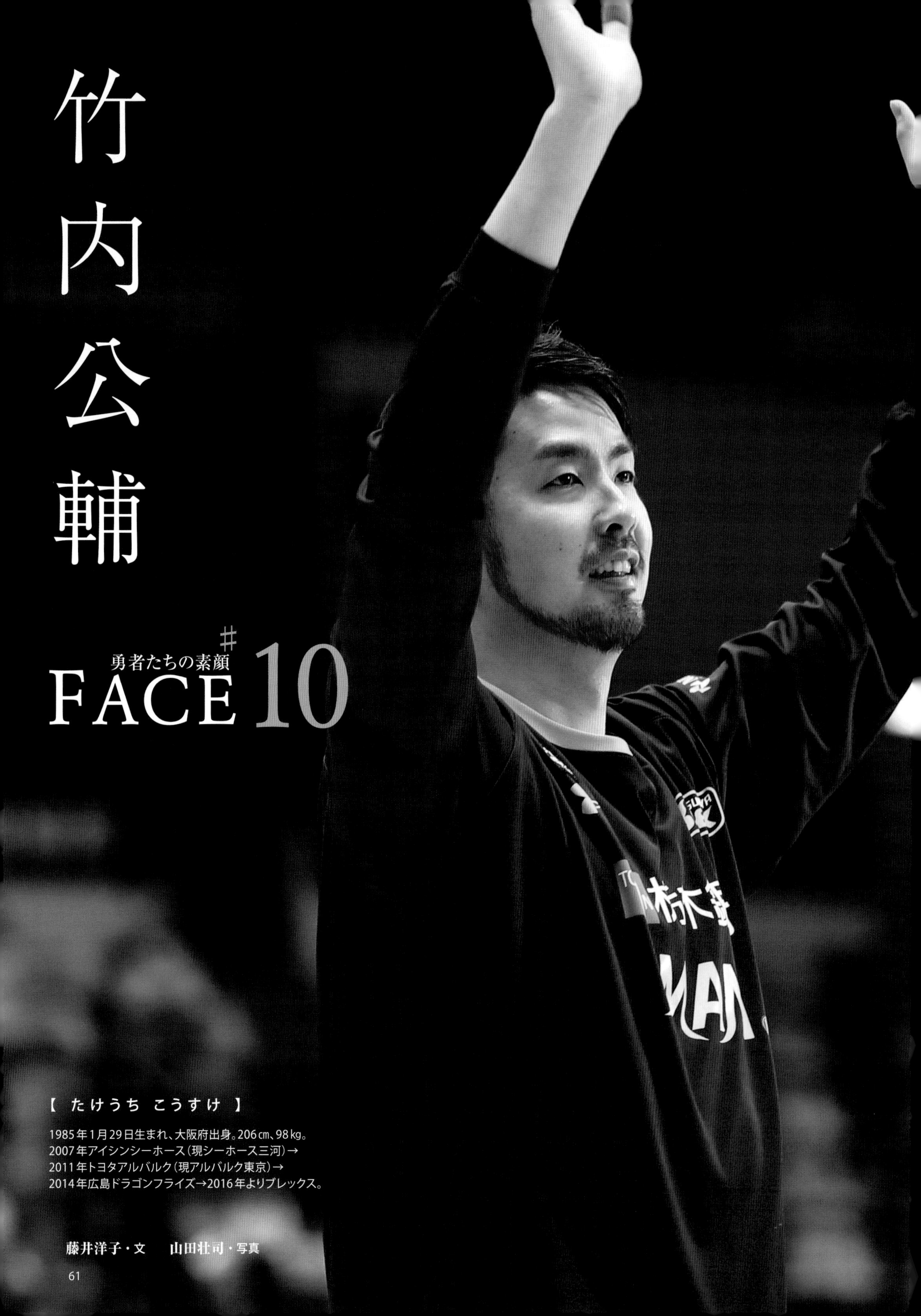

竹内公輔

勇者たちの素顔

FACE #10

【 たけうち こうすけ 】

1985年1月29日生まれ、大阪府出身。206㎝、98㎏。
2007年アイシンシーホース（現シーホース三河）→
2011年トヨタアルバルク（現アルバルク東京）→
2014年広島ドラゴンフライズ→2016年よりブレックス。

藤井洋子・文　山田壮司・写真

勇者たちの素顔

FACE #31

【 きたがわ しゅうへい 】

1985年10月1日生まれ、
神奈川県出身。185cm、85kg。
専修大→2008年アイシン(JBL)→
2015年琉球ゴールデンキングス(bj)
→2017-18シーズンよりブレックス。
自身のキャリアの中でリーグ戦で4回、
オールジャパン(全日本総合選手権大会)で
4回の計8回の優勝経験がある。

HUHEI KITAGAWA

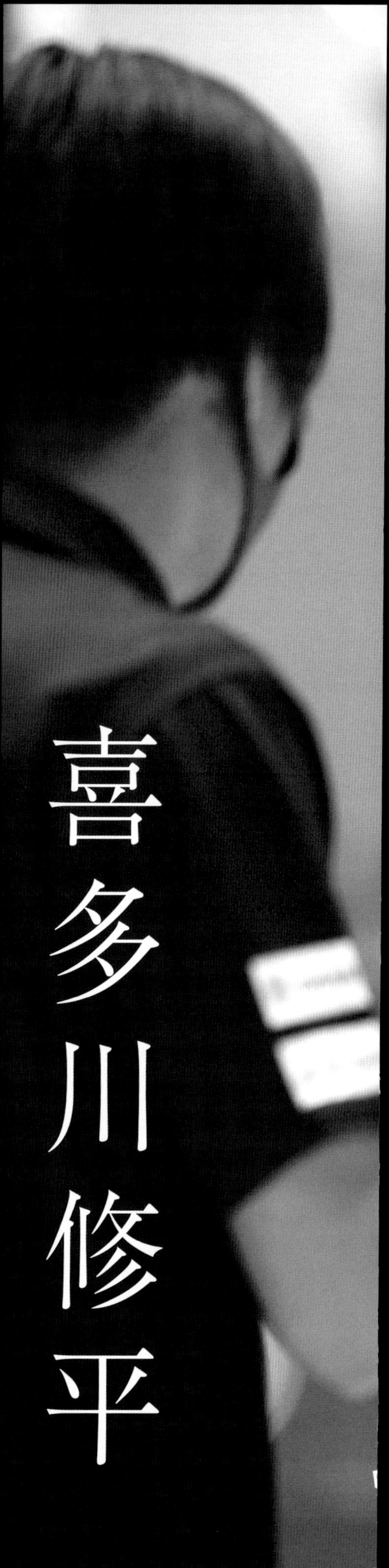

喜多川修平

「出ている時間にどれだけ自分の仕事ができるか」

コートに出た時間には、きっちり自分の役割を果たす。
まるで一流の職人のような喜多川の仕事ぶりが、
チームの勝利を後押しした。
「こういう選手がいるチームが、やっぱり強いです」
指揮官が名指しでこう称えるように
喜多川は、今シーズンの陰のMVPと言えるだろう。

藤井洋子・文　山田壮司・写真

ブレックスの試合の中で一番いい試合だった

――ルーキーシーズンにファイナルの舞台に立つというのは、貴重な経験だったと思います。

あの舞台でプレーできるだけでも光栄に思います。アスリートである以上、あれくらいプレッシャーの掛かる大事な試合でプレーすることは誰もが望むことだと思うので、本当にいい経験になりました。あまりプレータイムは多くありませんでしたが、コートに立っている時は、日本のバスケ界で一番レベルの高い舞台でプレーできているということが嬉しかったですし、ベンチから観ていても、これまでのブレックスの試合の中で一番いい試合だと感じていました。あれだけレベルの高いチーム同士が最後の最後まで戦い続ける姿を観て、本当にいい経験になりました。

――ご自身のファイナルでのプレーを振り返ってもらえますか。

自分らしくプレーができたと思った試合は、ファイナルの3戦目です。プレータイムはあまり長くなかったのですが、出ている間はチームのためにプレーできたと思います。ただ、もう一度やり直しできるとしたら、もっと積極的にやりたいですね。1戦目、2戦目にもっと積極的にやれていたらプレータイムも伸びたかもしれないですし、シュートもドライブも自分から積極的にできなかったなという思いはありました。

――緊張はしませんでしたか。

緊張はしなかったです。どちらかという

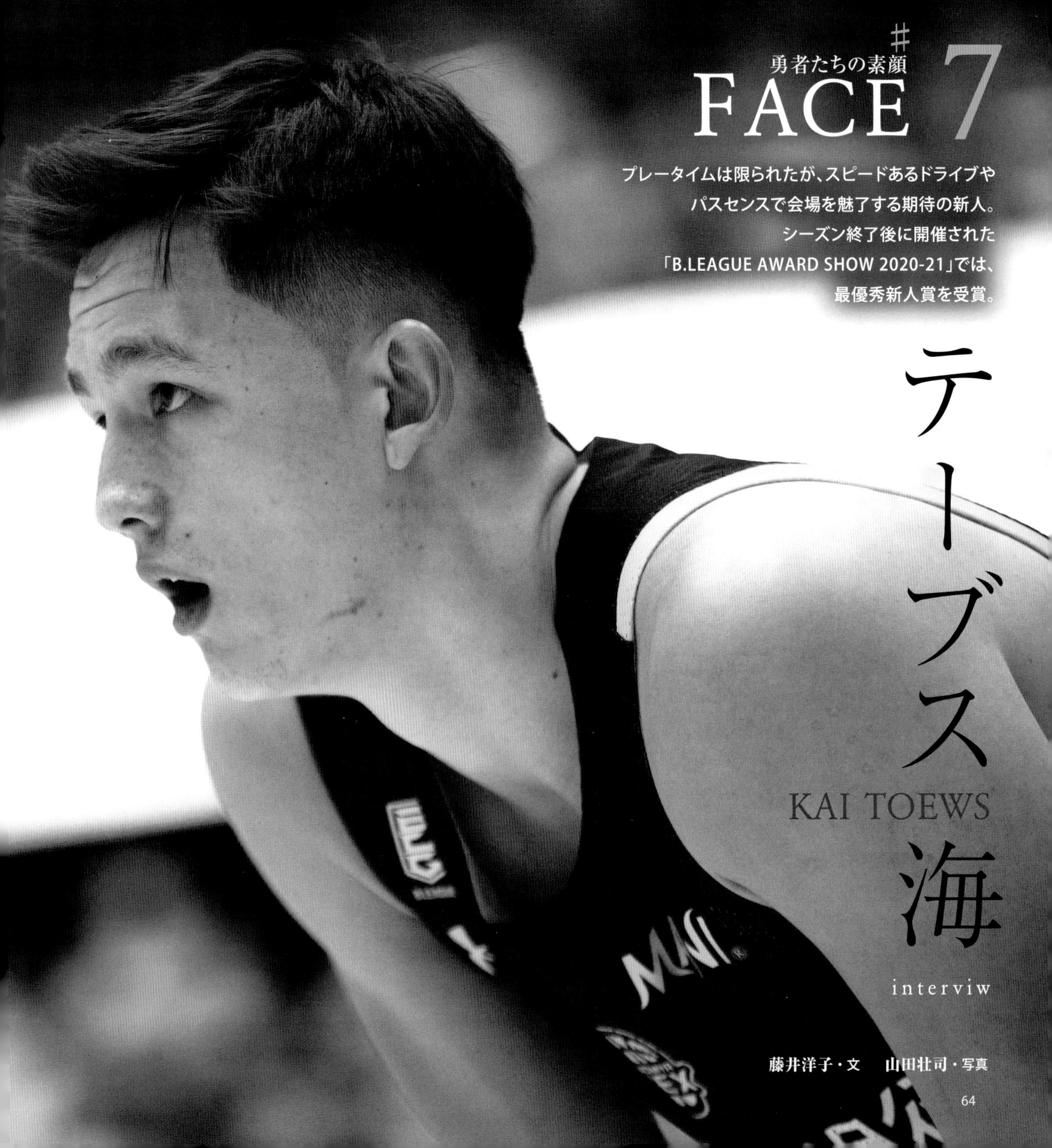

勇者たちの素顔

FACE #7

プレータイムは限られたが、スピードあるドライブやパスセンスで会場を魅了する期待の新人。シーズン終了後に開催された「B.LEAGUE AWARD SHOW 2020-21」では、最優秀新人賞を受賞。

テーブス海

KAI TOEWS

interviw

藤井洋子・文　山田壮司・写真

と、あの舞台でプレーできたことが楽しく、ワクワクしていました。だからもっと出たいと思いました（笑）。

——ファイナルの相手である千葉ジェッツには富樫勇樹選手やコー・フリッピン選手など、テーブス選手と同じようにスピードや勢いのある選手もいましたが、彼らとの対戦は楽しめましたか。

スピードに関しては、間違いなく自分の武器だと思うので、スピードで負けないという自信はあります。でも同時に、あのくらいレベルの高い試合になると、スピードだけではダメだなということも感じましたし、技術も状況判断も必要になり、それが良くなればなるほどもっとスピードを活かせるんだろうなと感じました。だから自信はつきましたが、ファイナルを経験したことでもっと成長しなければいけないという気持ちになりました。

スピードを活かした トランジションが自分の武器

——今シーズンの中で、自分のプレーが出せたと思う試合やシチュエーションがあったら教えてください。

唯一スタートで出たアウェーのサンロッカーズ渋谷戦（1月31日）です。ＳＲ渋谷のディフェンスは激しいので、いつものセットプレーというよりも、自分のマークマンを抜いて切り込んでいくことが必要な試合でした。あの試合は特に、自分のスピードがキーになったのではないかなと思います。

自分のプレーで手応えを感じられたのは、やはりトランジションの部分です。そこ一番スピ[illegible]を活かせると思いますし、トランジションでボールを運びチームメートを探したり、リングにアタックするのが自分の武器なので、それはどの試合でもできたんじゃないかなと思います。

——ディフェンス面はいかがですか。

間違いなく成長できました。1対1のディフェンスはスピードがあるからこそ、プレッシャーを掛けられるし抜かれない。チームディフェンスは、昨シーズン途中で加入した時には全く分からなかったのですが、今シーズンは少しずつ理解できるようになりましたし、相手の特徴を考えながらプレーできました。もちろん、ブレックスに長くいる選手と比べたらまだまだですが、昨シーズンの自分と比べたら、遥かに成長できたんじゃないかと思います。

——ブレックスに加入してまだ1シーズンほどなので、このチームの中で自分らしさを発揮するのはとても難しいだろうなと思いますが、1シーズンやってみて率直にどんな印象を持たれましたか。

やはりそこが一番難しくて、常に悩みながらやっていました。自分のやりたいようにやるのが一番楽なのですが、次のステップこ

「日本のバスケ界で一番レベルの高い舞台でプレーするという、
ルーキーではなかなかできない素晴らしい体験ができた」

いくためには、周りのことを考えながら自分のプレーをすることが必要になります。そこは昨シーズンよりはできたとは思いますが、プレーが良くなかったなと感じる試合は、やはりそこができていませんでした。経験がないから仕方ない部分もありますが、どういう場面で積極的にプレーするべきかを考えながらプレーしないといけないというのが現状です。

——ブレックスはチームで戦うので、加入してすぐにフィットするのは難しいですよね。でもコーチ陣の話を聞くと、とても期待されているのが分かります。

昨シーズンは、試合に出られなかった時にすごく落ち込んだりして、どうしてもっと出られないのだろうと思いながらプレーしていました。でも今シーズンは、自分の役割としてたくさん出る試合もあれば、あまり出ない試合もあると理解した上でやっていました。ポテンシャルとか、何かしら才能があるからこそルーキーでもプレータイムは[illegible]るのだろうと思って、自分が個の能力でゲームの流れを変える出番を待っていたという感じです。そうじゃない時は、ＰＧ（ポイントガード）としてゲームの流れを読んで、誰を使うか、誰を活かすかを考えながらやっていました。

もっと経験を積んで、もっとチームにフィットして、いずれは常に自分らしくプレーできることが理想ですが、やはりバスケＩＱや経験がないと難しいんだなと実感しました。自分らしく積極的にいってもミスする時もありますし、逆にミスが減れば減るほど、もっと自分らしくやらせてもらえるのかなと感じています。

ブレックスに入るという決断は 間違ってなかった

——もっと成長したいとアメリカから帰国して、ブレックスに入団されましたが、ここまでブレックスでプレーして成長を感じられた部分と、やってみて新たに見つかった課題があれば教えてください。

ブ[illegible]決断は、間[illegible]

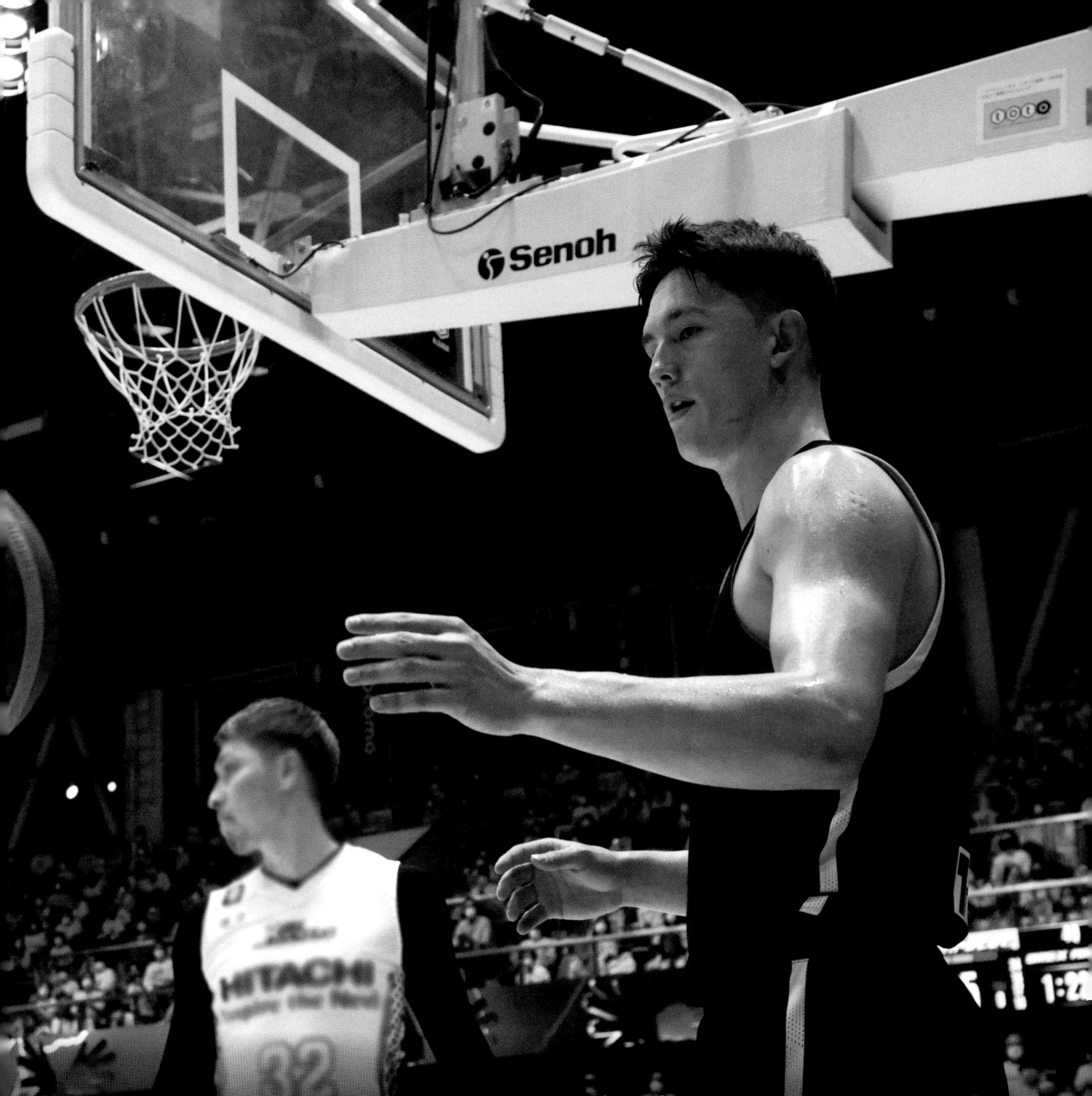

KAI TOEWS

てなかったとあらためて思えるシーズンになりました。バスケＩＱや経験についてはまだまだ足りないですが、昨シーズンよりは間違いなく成長できましたし、課題もたくさん見つかりました。ゲームの終盤の判断やＰＧとしてゲームの流れを読んでどういうプレーをコールするか、そういう部分の課題が明確になりました。

——テーブス選手はレギュラーシーズン全試合に出場したのですよね。60試合通してBリーグで戦ってみて体力面、スケジュール面など、どのように感じましたか。

学校に行っていない分バスケットだけに集中できたので、60試合はあっという間に終わりました。きついと感じることはありませんでした。

——トータル的に、どのようなルーキーシーズンになりましたか。

残念ながら決勝で負けてしまいましたが、普通のルーキーではなかなか経験できない素晴らしい体験ができたシーズンでした。これだけ素晴らしいチームメート、コーチ陣に恵まれて1シーズンやり通せたことは自分のためになりましたし、とても感謝しています。

——今後の目標について聞かせてください。

ファイナルで負けたことで、「Bリーグで優勝したい」という気持ちがあらためて強くなりました。それ以外考えられないぐらい、本当に悔しかったです。プレータイムについては、数字というよりも、大事な場面で信頼してもらえる選手になることが目標です。

FACE #7

テーブス海

【 テーブス海 】

1998年9月17日生まれ、兵庫県出身。188㎝、83kg。
東洋大学京北高校2年の時にアメリカに渡り、
NCAA1部のノースカロライナ大学ウィルミントン校でプレー。
ディビジョン1アシスト部門で全米2位の成績を収めるなど活躍。
2020年1月よりブレックス。2020−21シーズンは最優秀新人賞受賞。

ジョシュ スコット

JOSH SCOTT

「ケガさえなければ、チームに貢献できると思っていた」

勇者たちの素顔

FACE #40

過去2シーズン、ケガにより
シーズン途中での戦線離脱を余儀なくされた。
今シーズンはその悔しさを晴らすかのように、
序盤から力強いプレーを連発。
そうして迎えたファイナル当日。
緊迫したあの試合で、スコットは誰よりも高く跳び、
リバウンドを奪取し続けた。
まるで「バスケットができる喜び」を体中で表現するように
エネルギーに満ち溢れていた。

【 ジョシュ スコット 】

1992年9月25日生まれ、埼玉県出身。182cm、80kg。
高校卒業後、スラムダンク奨学金の第4期生としてアメリカ・サウスケントスクールに留学。
卒業後、タコマ・コミュニティカレッジに進学。
2013年に帰国し、埼玉ブロンコス→バンビシャス奈良→富山グラウジーズを経て、
2017-18シーズンよりブレックス。

藤井洋子・文　山田壮司・写真

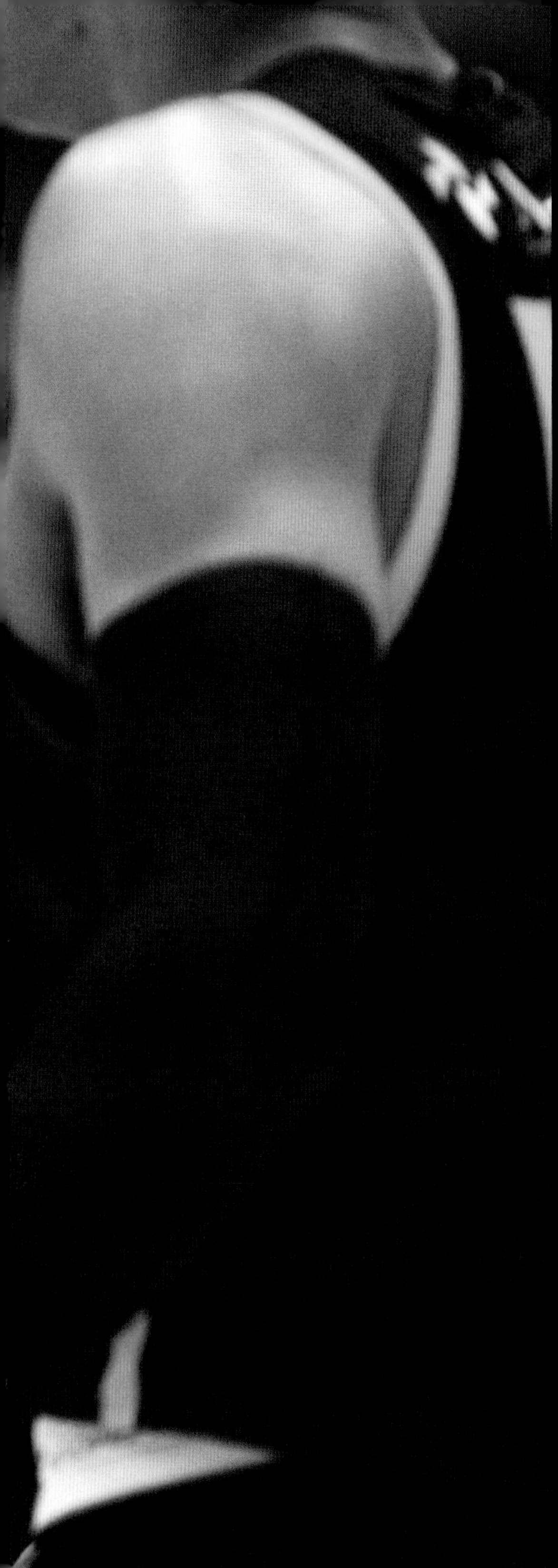

LJピーク

「LJがいないとかなり厳しい」

勇者たちの素顔 #FACE 5

L J. PEAK

安齋竜三HCは、ピークの存在の大きさをこう説明した。
これまでのブレックスにはいなかった
身体能力の高い外国籍選手。
驚くほどの早さでチームにフィットする適応能力と
高いバスケットボールIQの持ち主。
チームプレーのブレックスにおいて、
サポート役に徹することもできる彼の存在は
今シーズンの大きな武器となった。

藤井洋子・文　山田壮司・写真

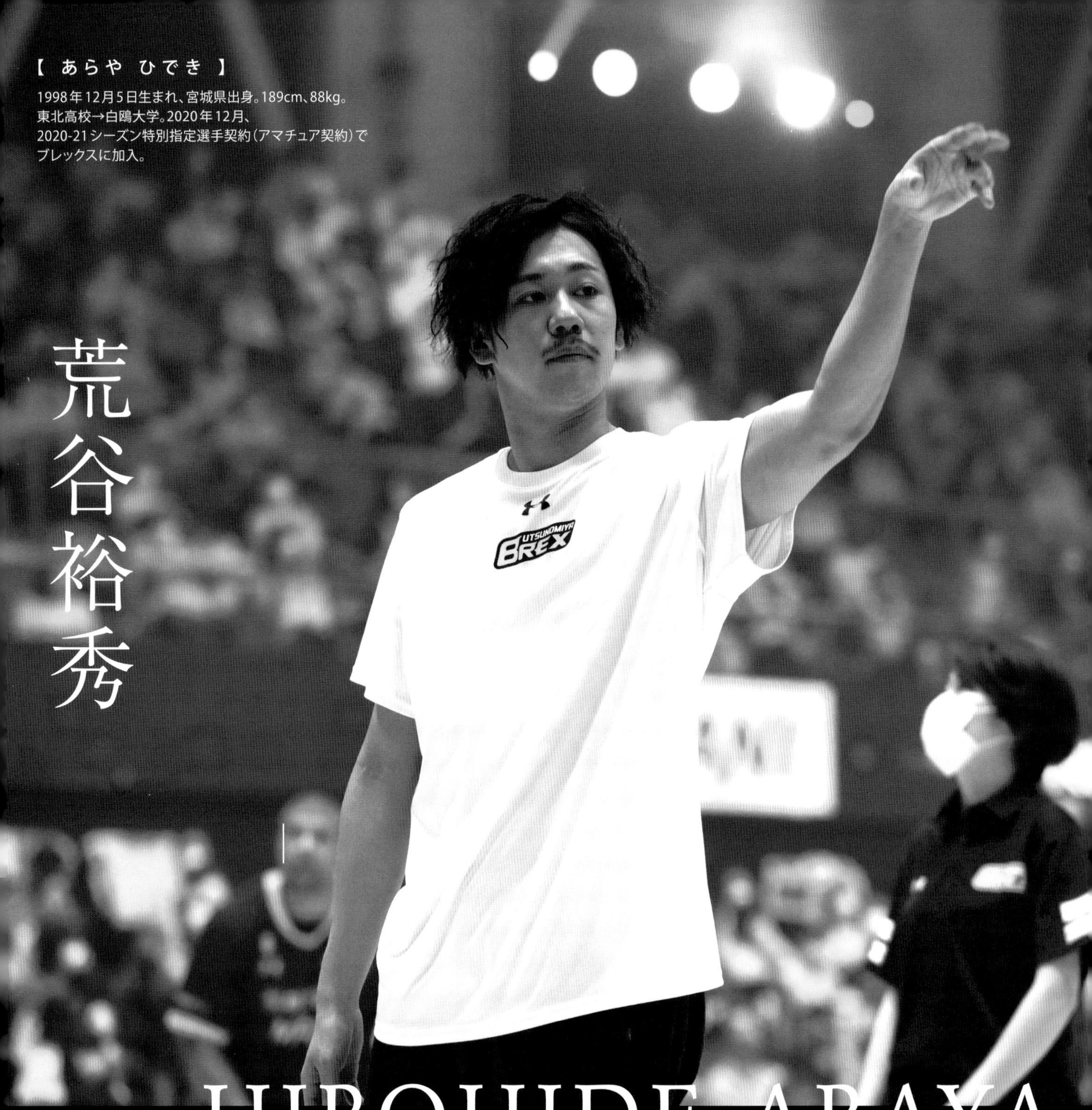

【 あらや ひでき 】

1998年12月5日生まれ、宮城県出身。189cm、88kg。
東北高校→白鴎大学。2020年12月、
2020-21シーズン特別指定選手契約（アマチュア契約）で
ブレックスに加入。

荒谷裕秀

HIROHIDE ARAYA

藤井洋子・文　山田壮司・写真

「トップレベルのチームに加入できたことがうれしい」

力強いドライブや 3 ポイントシュートを武器にする特別指定選手。
今シーズン、ブレックスでのプレータイムは限られたが、
トップレベルの選手がそろうブレックスで練習を重ねた日々は
今後のプレーヤー人生の大きな礎となるに違いない。

勇者たちの素顔
FACE #11

NORIO SASSA

佐々宜央

「こういうチームに携われることは、人生でもあまりないと思う」

素晴らしいプレーをした選手に、
ベンチから駆け寄ることもしばしば。
熱い振舞いの根本になるのは、選手への想い。
HC経験のある佐々ACの存在は
安齋HCにとって、大きな助けに
なっているはずだ。

【 さっさ のぶお 】

1984年5月13日生まれ、東京都出身。
2009-12 日立サンロッカーズAC→
2013-16ブレックスAC→
2017-19 琉球ゴールデンキングスHC→
2020～再びブレックス。

勇者たちの素顔

FACE

アシスタントコーチ

YOSUKE MACHIDA

町田洋介

「選手もコーチも一方的でない、
組織としての良さがあった」

安齋HCとはブレックスが
JBL優勝を果たした際のチームメート。
お互いを知り尽くした、
気の置けない仲間だけに
安齋HCからの信頼も厚く、
思ったことを言い合える貴重な存在でもある。

【 まちだ ようすけ 】

1983年4月4日生まれ、神奈川出身。
現役時代(2009-11)はブレックスでプレー。
現役引退後の2013-15 筑波大学男子バスケットボール部AC→
2015-19 札幌大学男子バスケットボール部HC→
2019～ブレックス。

圧倒的な強さ見せたレギュラーシーズン
リーグ最高勝率、4シーズンぶりに地区優勝飾る

REGULAR SEASON PLAYBACK

60試合を戦い、戦績は49勝11敗。
2020-21レギュラーシーズンのブレックスの強さは圧倒的だった。
4シーズンぶりに東地区優勝を飾ったばかりでなく、
初めてリーグの最高勝率をマーク。まさにチーム名である
BasketballのREX（王者）を体現する戦いぶりだった。

2020-21 レギュラーシーズン スタッツ

	試合	総得点(平均)	2P(%)	3P(%)	FT(%)	TR	AS	ST	BS
田 臥	30	14(0.5)	7(50)	0(0)	−(−)	4	9	4	0
ギブス	60	547(9.1)	187(54)	15(20)	128(79)	371	134	68	18
ピーク	58	661(11.4)	140(55)	98(39)	87(69)	128	95	46	12
比江島	42	351(8.4)	101(57)	39(34)	32(74)	64	97	31	8
テーブス	60	357(6.0)	95(42)	36(29)	59(68)	105	157	33	0
遠 藤	57	404(7.1)	64(35)	86(38)	18(62)	88	116	39	4
竹 内	60	245(4.1)	96(56)	4(29)	41(72)	238	37	13	28
荒 谷	8	11(1.4)	3(33)	1(33)	2(50)	2	3	0	1
渡 邉	58	322(5.6)	27(40)	71(33)	55(89)	53	108	27	2
鵤	58	304(5.2)	83(50)	38(28)	24(73)	86	155	44	11
ロシター	56	721(12.9)	244(52)	41(39)	110(56)	426	228	70	30
喜多川	60	245(4.1)	36(38)	47(36)	32(80)	53	22	12	2
スコット	59	696(11.8)	267(63)	0(0)	162(63)	492	56	42	78
星 川	1	2(2.0)	1(50)	−(−)	−(−)	0	1	0	0

※総得点のかっこ内は1試合平均、2P、3P、FT(フリースロー)のかっこ内の数字は成功率を表し、小数点以下を四捨五入。TRはリバウンド、ASはアシスト、STはスチール、BSはブロックショット

2020-21 レギュラーシーズン 試合結果

49勝11敗＝東地区優勝

						東地区順位
GAME 1	10.3	H	○	73−61	琉球ゴールデンキングス	
GAME 2	10.4	H	○	79−68	琉球ゴールデンキングス	
GAME 3	10.10	H	○	74−52	信州ブレイブウォリアーズ	
GAME 4	10.11	H	○	84−74	信州ブレイブウォリアーズ	
GAME 5	10.17	A	●	78−87	千葉ジェッツ	5位
GAME 6	10.18	A	○	85−68	千葉ジェッツ	4位
GAME 7	10.21	A	○	80−75	アルバルク東京	3位
GAME 8	10.24	H	○	97−66	サンロッカーズ渋谷	2位
GAME 9	10.25	H	○	78−77	サンロッカーズ渋谷	1位
GAME 10	10.28	H	○	85−76	レバンガ北海道	1位
GAME 11	11.7	A	○	99−57	新潟アルビレックス	1位
GAME 12	11.8	A	○	85−67	新潟アルビレックス	1位
GAME 13	11.11	A	○	72−69	秋田ノーザンハピネッツ	1位
GAME 14	11.14	A	○	84−54	広島ドラゴンフライズ	1位
GAME 15	11.15	A	○	85−71	広島ドラゴンフライズ	1位
GAME 16	12.2	H	●	60−67	川崎ブレイブサンダース	1位
GAME 17	12.5	A	○	94−69	大阪エヴェッサ	1位
GAME 18	12.6	A	●	73−90	大阪エヴァッサ	1位
GAME 19	12.9	H	○	100−63	富山グラウジーズ	1位
GAME 20	12.12	A	○	86−75	滋賀レイクスターズ	1位
GAME 21	12.13	A	●	73−87	滋賀レイクスターズ	2位
GAME 22	12.19	H	○	75−69	アルバルク東京	2位
GAME 23	12.20	H	○	86−70	アルバルク東京	2位
GAME 24	12.26	A	○	88−82	シーホース三河	2位
GAME 25	12.27	A	●	70−90	シーホース三河	2位
GAME 26	1.2	A	○	85−72	名古屋ダイヤモンドドルフィンズ	1位
GAME 27	1.3	A	○	77−76	名古屋ダイヤモンドドルフィンズ	1位
GAME 28	1.23	H	○	84−64	千葉ジェッツ	1位
GAME 29	1.24	H	○	88−76	千葉ジェッツ	1位
GAME 30	1.27	H	●	59−83	アルバルク東京	2位
GAME 31	1.30	A	●	71−77	サンロッカーズ渋谷	1位
GAME 32	1.31	A	○	67−62	サンロッカーズ渋谷	1位
GAME 33	2.6	H	○	86−48	新潟アルビレックス	1位
GAME 34	2.7	H	○	74−67	新潟アルビレックス	1位
GAME 35	2.10	A	○	87−85	レバンガ北海道	1位
GAME 36	2.13	H	○	76−71	京都ハンナリーズ	1位
GAME 37	2.14	H	○	72−71	京都ハンナリーズ	1位
GAME 38	2.27	H	●	67−85	シーホース三河	1位
GAME 39	2.28	H	○	93−84	シーホース三河	1位
GAME 40	3.3	A	○	58−54	川崎ブレイブサンダース	1位
GAME 41	3.6	A	○	72−68	島根スサノオマジック	1位
GAME 42	3.7	A	○	77−73	島根スサノオマジック	1位
GAME 43	3.20	H	○	77−66	横浜ビー・コルセアーズ	1位
GAME 44	3.21	H	○	82−76	横浜ビー・コルセアーズ	1位
GAME 45	3.24	A	●	85−90	富山グラウジーズ	1位
GAME 46	3.27	H	○	99−55	三遠ネオフェニックス	1位
GAME 47	3.28	H	○	96−64	三遠ネオフェニックス	1位
GAME 48	3.31	A	○	76−64	横浜ビー・コルセアーズ	1位
GAME 49	4.3	H	○	88−69	名古屋ダイヤモンドドルフィンズ	1位
GAME 50	4.4	H	○	80−61	名古屋ダイヤモンドドルフィンズ	1位
GAME 51	4.10	A	○	90−75	レバンガ北海道	1位
GAME 52	4.11	A	○	81−76	レバンガ北海道	1位
GAME 53	4.14	H	○	77−71	横浜ビー・コルセアーズ	1位
GAME 54	4.16	A	○	119−62	富山グラウジーズ	1位
GAME 55	4.17	A	○	107−81	富山グラウジーズ	1位
GAME 56	4.21	H	○	104−73	秋田ノーザンハピネッツ	1位
GAME 57	4.24	H	●	57−58	川崎ブレイブサンダース	1位
GAME 58	4.25	H	●	67−75	川崎ブレイブサンダース	1位
GAME 59	5.1	A	○	86−69	秋田ノーザンハピネッツ	1位
GAME 60	5.2	A	○	73−66	秋田ノーザンハピネッツ	1位

2020-2

第2位　2021.2.10　レバンガ北海道戦（北海きたえーる）　○ 87-85

ブレックスメンタリティーが凝縮した一戦

東地区首位の宇都宮ブレックスと最下位に沈む北海道。対照的な成績とは相反して試合は最終盤までもつれにもつれ、最後はブレックスがプライドで上回った。序盤から北海道の激しさに押され、ブレックスはミスを連発。ジョーダン・テイラー、ニック・メイヨにインサイドを突かれて次々とスコアリングを許す苦しい立ち上がりだった。それでも粘り強く、我慢の守備を続けると、後半早々にライアン・ロシターのゴールで追い付き、そこから14点のビッグランで一気に主導権を奪った。

しかしホームチームにも意地があった。第３クオーター（Q）終盤にかけて追い上げられ、残り3.6秒でメイヨに豪快なゴールを決められて85-85。このままオーバータイムに突入かと思われたが、ブレックスはフロントコートから素早く攻撃を再開。パスを受けたジェフ・ギブスが小刻みなステップでミドルレーンに切れ込み、マークをあざ笑うかのようなレイアップで終止符。最後のブザーが鳴りやむまで勝利を諦めない、ブレックスメンタリティーがまさに凝縮された場面だった。

2020-21 IMPRESSIVE MATCH インプレッシブマッチ5

青柳修・文

開幕から快進撃を続け、4季ぶりの地区優勝、
チャンピオンシップ決勝進出を果たした宇都宮ブレックス。
コロナ禍のさまざまな困難を乗り越え、記録にも記憶にも
深く刻まれた2020-21レギュラーシーズンから印象に残る5試合を選んだ。

第5位　2020.12.9　富山グラウジーズ戦（ブレックスアリーナ宇都宮）　○ 100-63

愛すべきOBにチームから厳しい洗礼

飛躍を誓って新天地の富山に活躍の場を求めた日光市出身の橋本晃佑の初の凱旋。東海大在学中のアーリーエントリー時代も含め、宇都宮ブレックスに5季にわたって在籍した背番号21をファンは温かく迎えたが、かつてのチームメイトたちは容赦しなかった。

堅守のブレックスとリーグ屈指のオフェンス力を誇る富山。試合は最強の矛と盾の対決として注目を集めた。第1クオーター（Q）こそ一進一退で五分の展開だったが、第2Qはブレックスが本領発揮。守備は比江島慎の負傷退場をきっかけにギアを上げた。富山の起点を封じ、インサイドでもジョシュ・スコットらがリチャード・ソロモン、ジョシュア・スミスら強力なビッグマンと互角に渡り合って主導権を握った。

後半もリズムを失うことなく、LJ・ピーク、喜多川修平らの3ポイントでリードを拡大。終わってみれば今季初の100点ゲーム、全員得点。スコア的には攻撃にスポットが当たるゲームだったが、細部にわたって精緻な守備戦術を遂行し続けたブレックス。まさに面目躍如と言えるような圧勝劇だった。

第1位

2021.1.24
千葉ジェッツ戦（ブレックスアリーナ宇都宮）

○88-76

集中力切らさず前半戦の大一番制す

開幕から激しく東地区首位の座を競り合ってきた千葉との今季最終戦。2勝1敗で迎えた前半戦最大の大一番は、最後まで集中力を切らさなかったブレックスが12点差で快勝。ライバルとの差を2ゲームに広げて地区優勝争いで優位に立った。

前日の敗戦で雪辱を期す千葉に立ち上がりこそ勢いを見せられたもののブレックスは鵤誠司、遠藤祐亮らバックコート陣の守備で対抗し、前半だけで16点のリード。点の取り合いとなった後半は千葉に有利な展開だったが、ブレックスは第3クオーター（Q）にLJ・ピークが内外角からスコアリングを重ねて11得点と一歩も譲らなかった。

千葉との対戦では常にハッスルする遠藤も5本の3ポイントを含めチーム最多15得点と躍動。エースガードの比江島慎をケガで欠いたが、我慢の守備が光った。普段は辛口の安齋竜三HCが「今季一番のゲーム」と手放しで褒めたたえたパフォーマンス。その言葉通り、まさにブレックスの底力が示された一戦だった。

第3位

2020.10.25
サンロッカーズ渋谷戦（（県北体育館）

○ 78-77

ロシターで始まり、ロシターで終わったゲーム

開幕間もないシーズン序盤だったが、SR渋谷との第2戦はブレックス在籍8季目のライアン・ロシターにとってメモリアルな日となった。

前日の第１戦でBリーグ通算2500リバウンドまであと1本と迫ったロシター。とはいえ気負う様子はみじんもなく、第1クオーター（Q）の2分であっさりとディフェンスリバウンドを奪って史上3人目の金字塔を打ち立てた。

これだけで終わらない。試合は第4Q残り１分を切って74-77とビハインド。わずか1ポゼッションの差とはいえ、SR渋谷のハードディフェンスに苦しんだブレックス。さすがにこの日の勝利は厳しいかと思われたが、背番号22の男だけは思いが違った。残り29秒でわずかなマークの隙を突き、ゴール正面から3ポイントを決めて追い付くと、さらに残り1.5秒からドライブを仕掛け、自ら奪ったフリースローで決勝弾を挙げた。

試合後に「これがブレックスメンタリティーだ」と胸を張ったように、常勝軍団の大黒柱であり続けられる理由を見せつけたロシター。この日はロシターで始まり、ロシターで終わった1日だった。

第4位

2021.4.3
名古屋ダイヤモンドドルフィンズ戦（日環アリーナとちぎ）

○ 88-69

新アリーナのこけら落としでＢ１通算200勝達成

新アリーナのこけら落としとなった名古屋Ｄ戦はブレックスの強さだけが際立ち、まさにB1通算200勝目を飾るにふさわしいゲームだった。

点の取り合いとなった第１クオーター（Q）は比江島慎が3本の3ポイントシュートを決めるなどして波に乗り、続く第2Qも鵤誠司らが自慢のプレッシャーディフェンスで名古屋Dが得意とする長距離砲を封じ、前半の成功率を14％台に抑えることに成功した。堅守がはまればオフェンスにもリズムが生まれるのは必定だ。LJ・ピークは鋭いドライブでゴール下を切り崩し、第4Qは渡邉裕規の3ポイント、竹内公輔の3点プレーとベテラン勢もハッスル。11点のランで名古屋Dを一気に突き放した。

ブレックスがこの試合で記録したターンオーバーはわずかに1。相手はチャンピオンシップ進出を狙う西地区の強豪だけに、その数字も大きな意味を持つ。「自分たちの目標に向かって成長し続ける」と指揮官が言い続けてきたように、シーズン終盤にかけて高めた完成度をライバルたちにまざまざと見せつけた。

REBOUND

ジョシュ・スコットのリバウンド　第2位

これほどの活躍は誰もが想像しなかっただろう。ジョシュ・スコットはレギュラーシーズン60試合で得点、リバウンド共に2桁に載せるダブルダブルは15回を数えた。ブロック数は平均1.3でリーグ2位。新加入のビッグマンは２度にわたる膝の大ケガを乗り越え、常勝軍団のブレックスで自らの価値を高めた。

ゴール下の存在感は言わずもがな。トランジションオフェンスでも先頭を切り、ライアン・ロシター、ジェフ・ギブスとともにビッグマンラインナップで宿敵の川崎に対抗した。白眉と言えるは3月のアウェー島根との２連戦で計28得点、15リバウンド。日本でプロとしてキャリアをスタートさせた古巣を相手にいずれも最大12点差を覆し、手痛い恩返しをしてみせた。

2020-21 BEST PLAY
シーズンベストプレー5

4季ぶりの王座奪還を狙ったブレックス。東地区優勝を勝ち取り、宿敵の川崎を倒して決勝にまで進んだがが、あと一歩届かなかった。それでも今季、ファンに感動を与え続けてきた選手のプレーが色褪せることはない。リーグ最高勝率を記録したレギュラーシーズンから担当記者が独断で選んだベスト5を紹介する。

青柳修・文

写真提供：B.LEAGUE

テーブス海のドライブ　第5位

22歳のポイントガードはＢリーグ2年目にして日本代表候補に初召集され、新人王にも輝くなど確かな成長を証明した1年となった。大きなけがもなくレギュラーシーズン全60試合に出場し、昨季を上回る平均6.0得点、2.6アシストのスタッツを残した。

最大の武器は間違いなくスピードだ。今季は開幕前の減量に成功し、より威力を増した。重心を低くして緩急を操るドリブルは相手のマークを難しくさせ、リング下に向かうドライブは分かっていても止められない。今季初先発のアウェー SR渋谷戦ではその持ち味を存分に発揮し、今季最長の31分35秒のプレーで自身最多タイの14得点。エース比江島慎の負傷欠場で巡ってきたチャンスを生かし、指揮官の信頼を見事に勝ち取った。

DRIVE

PASS

第1位　渡邉裕規のパス

ブレックス8年目でプレーの円熟味を増した渡邉裕規に多くの説明は不要。若手の台頭などでプレータイムが限られてもコートに立てば必ずインパクトを残し、有言実行でチームを牽引し続けた。勝負どころで迷い無くシュートを打つ判断力もさることながら、その正確さも変わらず健在。「ナベタイム」の言葉もあるようにゾーンに入った時間帯は誰も止められない。ピック＆ロールのオフェンスでは狙い所が読めないトリッキーなパスで相手の守備陣を翻弄した。4月の横浜戦では自身今季最多となる1試合5アシストをマーク。元ブレックスで横浜の竹田謙とは楽しむように現役最後のマッチアップを重ね、ファンの心に感動的なシーンを残した。

3POINT

第3位　ＬＪ・ピークの3ポイント

ＬＪ・ピークはかつてＵ19米国代表の一員として世界選手権を制したウイングプレーヤー。ブレックス１年目の今季は3ポイントシュート成功率39.２％でリーグ8位。欧州などを渡り歩いてきた実績が伊達ではないことを証明した。

昨年10月のSR渋谷戦GAME1ではコーナー 3を次々と沈め、成功数は5本中4本の精度。顔の正面でボールをリリースする独特のシュートモーションでリングを射貫き続けた。戦術理解も高く、球際では泥臭くボールに食らい付くプレーでファンの心をわしづかみ。ケガの比江島慎に代わって昨年12月の滋賀戦からは3番ポジションで先発したが、比江島復帰後もスターターを守り続けたように指揮官の信頼も厚かった。

STEAL

第4位　田臥勇太のスチール

今季は30試合に出場し、平均3分18秒のプレータイム。不惑を迎えた田臥勇太は常にコンディションとの闘い。往年のような派手さは失っても球際ではブレックスメンタリティーを体現し続け、ファンを魅了した。

3月にブレックスアリーナ宇都宮で行われた三遠とのGAME1は第2クオーター 2分に途中出場すると、激しいプレッシャーでマッチアップする相手をコート脇へと追い込み、スチールをマーク。三遠は西地区下位に沈む格下だったが、チームは主将の思いに呼応するように手を緩めることなく得点を重ね、今季最大の44点差で圧勝。4季ぶりの栄冠に向かってスパートを掛けるブレックスにスイッチを入れた瞬間だった。

2020-21 B.LEAGUE REGULAR SEASON REVIEW

追撃かわし開幕連勝

02

第2戦 2020.10.4
(ブレックスアリーナ宇都宮、2073人)

vs. 琉球ゴールデンキングス

宇都宮 **79-68** 琉球

第1Q 20 - 19
第2Q 22 - 14
第3Q 12 - 16
第4Q 25 - 19

琉球を79-68と振り切り、開幕2連勝。第3Qは3分過ぎから約4分間得点を挙げられず、第4Q1分過ぎには3点差まで詰められるも、渡邉裕規の4点プレーなどで再び突き放し、そのまま逃げ切った。

宇都宮	得	③	②	F	R	反
ギブス	6	0	3	0	0	3
比江島	7	1	2	0	5	3
テーブ	10	1	3	1	1	2
遠藤	3	1	0	0	1	2
竹内	0	0	0	0	3	1
渡邉	15	4	0	3	3	1
鵤	3	1	0	0	2	2
ロシタ	15	1	4	4	5	0
喜多川	6	0	3	0	0	0
スコッ	14	0	6	2	8	2
計	79	9	21	10	33	16

琉球	得	③	②	F	R	反
船生	1	0	0	1	0	3
並里	7	1	2	0	2	2
岸本	10	2	2	0	2	2
田代	6	0	3	0	1	4
今村	5	1	0	2	1	0
満原	8	0	4	0	3	2
ウォッ	17	0	6	5	10	1
クーリ	10	0	4	2	6	4
牧	4	0	2	0	1	2
計	68	4	23	10	29	20

2季ぶりの白星スタート

01

第1戦 2020.10.3
(ブレックスアリーナ宇都宮、2114人)

vs. 琉球ゴールデンキングス

宇都宮 **73-61** 琉球

第1Q 17 - 14
第2Q 13 - 11
第3Q 24 - 16
第4Q 19 - 20

琉球に73-61と快勝し、2季ぶりに開幕戦を白星で飾った。前半を30-25で折り返したブレックスは、後半、激しい守備からの攻撃で主導権を握り、第4クォーター(Q)には比江島慎が2本の3点シュートを決めるなどして粘る琉球を突き放した。

宇都宮	得	③	②	F	R	反
ギブス	15	0	5	5	6	2
比江島	14	2	4	0	0	3
テーブ	5	0	2	1	5	3
遠藤	14	2	3	2	0	1
竹内	2	0	1	0	2	0
渡邉	3	1	0	0	3	1
鵤	9	1	3	0	1	1
ロシタ	3	0	1	1	8	1
喜多川	2	0	1	0	0	1
スコッ	6	0	1	4	6	2
計	73	6	21	13	40	15

琉球	得	③	②	F	R	反
石崎	2	0	1	0	0	1
船生	0	0	0	0	3	2
並里	13	0	5	3	4	2
岸本	11	1	4	0	1	2
田代	0	0	0	0	1	2
今村	8	0	4	0	1	2
満原	3	1	0	0	2	0
小野寺	0	0	0	0	1	0
ウォッ	8	0	3	2	12	4
クーリ	16	0	7	2	14	3
牧	0	0	0	0	2	2
計	61	2	24	7	42	20

最終Qで逆転、4連勝

04

第4戦 2020.10.11
(ブレックスアリーナ宇都宮、1770人)

vs. 信州ブレイブウォリアーズ

宇都宮 **84-74** 信州

第1Q 15 - 20
第2Q 20 - 19
第3Q 21 - 24
第4Q 28 - 11

最終第4Qの逆転劇で2季ぶりの開幕4連勝を飾った。前半を35-39で折り返し、第3Qも勢いに乗れずに56-63の劣勢。しかし、第4Qに遠藤祐亮の3点シュートで逆転に成功し、ライアン・ロシターの4連続得点などで一気に突き放した。

宇都宮	得	③	②	F	R	反
ギブス	12	0	4	4	5	1
ピーク	5	0	2	1	3	2
テーブ	10	2	0	4	2	3
遠藤	14	2	3	2	2	3
竹内	0	0	0	0	0	1
渡邉	0	0	0	0	1	1
鵤	7	1	1	2	2	4
ロシタ	21	0	8	5	7	1
喜多川	0	0	0	0	1	1
スコッ	15	0	7	1	7	2
計	84	5	25	19	33	19

信州	得	③	②	F	R	反
山本	1	0	0	1	1	4
井上	2	0	1	0	0	2
西山	24	4	4	4	3	2
栗原	16	4	2	0	0	2
武井	0	0	0	0	0	0
大崎	7	1	2	0	3	2
増子	1	0	0	1	0	4
ホーキ	23	1	8	4	17	3
計	74	10	17	10	29	19

反撃許さず開幕3連勝

03

第3戦 2020.10.10
(ブレックスアリーナ宇都宮、1610人)

vs. 信州ブレイブウォリアーズ

宇都宮 **74-52** 信州

第1Q 23 - 12
第2Q 19 - 14
第3Q 15 - 14
第4Q 17 - 12

今季B1に昇格した信州に地力の差を見せつけ、開幕3連勝を果たした。Bリーグデビューとなったなったlj LJ・ピークのロングシュート、渡邉裕規の2本の3点シュートなどで42-26で折り返し。後半もライアン・ロシターらがインサイドを支配し、相手の反撃を許さなかった。

宇都宮	得	③	②	F	R	反
ギブス	6	0	2	2	4	2
ピーク	3	1	0	0	3	3
テーブ	5	0	2	1	2	2
遠藤	8	2	1	0	2	3
竹内	6	0	2	2	9	1
渡邉	9	2	0	3	0	3
鵤	5	1	1	0	3	3
ロシタ	11	1	4	0	12	1
喜多川	3	1	0	0	2	1
スコッ	18	0	5	8	15	0
計	74	8	17	16	54	19

信州	得	③	②	F	R	反
山本	5	1	0	2	1	2
井上	6	2	0	0	6	1
西山	5	1	0	2	1	2
栗原	3	1	0	0	0	1
武井	0	0	0	0	2	0
佐藤	5	0	2	1	3	5
大崎	10	2	2	0	3	3
増子	14	3	2	1	2	3
ホーキ	4	0	2	0	9	2
計	52	10	8	6	29	19

効果的な得点で雪辱果たす

06

第6戦 2020.10.18
(船橋アリーナ、2220人)

vs. 千葉ジェッツ

宇都宮 **85-68** 千葉

第1Q 17 - 11
第2Q 23 - 19
第3Q 25 - 15
第4Q 20 - 23

千葉ジェッツに85-68と完勝、前日の雪辱を果たした。序盤から激しい守備でリズムをつかみ、第2Qに遠藤祐亮らが立て続けに3点シュートを決めるなどして40-30で折り返し。後半もLJ・ピーク、鵤誠司の3点プレーなどで粘る千葉を振り切った。

千葉	得	③	②	F	R	反
ダンカ	8	1	1	3	4	4
富樫	9	1	3	0	3	2
フリッ	4	0	1	2	1	2
田口	3	0	1	1	0	1
赤穂	0	0	0	0	2	2
ショー	12	0	2	8	7	2
佐藤	6	1	0	3	1	0
藤永	2	0	0	2	1	0
エドワ	17	0	7	3	7	2
サイズ	5	0	1	3	9	2
原	2	0	1	0	0	0
計	68	3	17	25	40	17

宇都宮	得	③	②	F	R	反
ギブス	4	0	1	2	6	4
ピーク	10	1	3	1	1	1
比江島	8	2	0	2	1	5
テーブ	4	0	2	0	3	1
遠藤	3	1	0	0	4	3
竹内	0	0	0	0	0	1
渡邉	6	2	0	0	1	3
鵤	5	1	1	0	0	2
ロシタ	21	1	9	0	8	3
喜多川	9	3	0	0	0	2
スコッ	15	0	5	5	8	4
計	85	11	21	10	38	29

後半に失速、今季初黒星

05

第5戦 2020.10.17
(船橋アリーナ、2170人)

vs. 千葉ジェッツ

千葉 **87-78** 宇都宮

第1Q 16 - 14
第2Q 21 - 21
第3Q 23 - 19
第4Q 27 - 24

千葉ジェッツに78-87と敗れ、開幕からの連勝は4で止まった。前半は激しく食い下がり35-37の僅差で折り返し。しかし、後半はターンオーバーを重ね、ミスも相次ぐなどしてペースを握れず、終盤の反撃も及ばなかった。

千葉	得	③	②	F	R	反
ダンカ	13	2	3	1	6	4
富樫	13	1	5	0	3	2
フリッ	8	0	4	0	0	2
西村	0	0	0	0	0	1
ショー	22	2	7	2	3	0
佐藤	2	0	1	0	2	0
藤永	0	0	0	0	0	1
エドワ	11	1	2	4	5	4
サイズ	16	1	6	1	10	5
原	2	0	1	0	1	2
計	87	7	29	8	34	21

宇都宮	得	③	②	F	R	反
ギブス	4	0	2	0	4	2
ピーク	11	3	0	2	1	3
比江島	8	0	4	0	1	1
テーブ	2	0	0	2	1	2
遠藤	2	0	1	0	2	4
竹内	2	0	1	0	2	2
渡邉	3	0	0	3	0	1
鵤	3	1	0	0	2	1
ロシタ	37	4	9	7	9	1
喜多川	0	0	0	0	0	0
スコッ	6	0	3	0	3	2
計	78	8	20	14	29	19

今季最多の97点で完勝

第8戦 **2020.10.24**
（大田原市県県北体育館、1287人）

vs. サンロッカーズ渋谷

宇都宮 97-66 SR渋谷

第1Q 28 − 21
第2Q 22 − 13
第3Q 18 − 15
第4Q 29 − 17

サンロッカーズ渋谷を相手に今季最多得点となる97−66で完勝した。前半から比江島慎、遠藤祐亮、テーブス海らの3点シュートで得点を重ねて50−34で折り返し。後半もLJ・ピークのロングシュートなどで畳みかけ、相手に付け入る隙を与えなかった。

GAME 08

宇都宮	得	③	②	F	R	反
ギブス	9	0	3	3	4	2
ピーク	12	4	0	0	1	1
比江島	7	1	1	2	1	2
テーブ	14	2	4	0	2	3
遠藤	14	4	1	0	1	3
竹内	11	1	4	0	7	2
渡邉	6	0	2	2	3	2
鵤	0	0	0	0	1	1
ロシタ	7	0	3	1	6	0
喜多川	3	0	1	1	2	1
スコッ	14	0	5	4	6	3
計	97	12	24	13	36	20

SR渋谷	得	③	②	F	R	反
関野	2	0	1	0	0	0
ベンド	5	1	1	0	0	3
ジャク	9	0	4	1	3	2
マカド	15	0	6	3	10	1
渡辺	0	0	0	0	3	1
野口	8	1	2	1	5	1
広瀬	7	1	1	2	0	1
石井	0	0	0	0	0	2
山内	2	0	1	0	3	1
ケリー	13	1	3	4	3	2
盛実	2	0	0	2	2	1
田渡	3	1	0	0	0	3
計	66	5	19	13	37	18

連勝で地区3位に浮上

第7戦 **2020.10.21**
（アリーナ立川立飛、1286人）

vs. アルバルク東京

宇都宮 80-75 A東京

第1Q 18 − 15
第2Q 21 − 17
第3Q 16 − 25
第4Q 25 − 18

昨季地区1位のアルバルク東京に競り勝ち、2連勝で3位に浮上した。第3Qに55−57と逆転を許したものの、第4QにLJ・ピークのゴールで勝ち越しに成功し、比江島慎、ジョシュ・スコットらが追加点を奪って粘る東京を振り切った。

07

A東京	得	③	②	F	R	反
安藤	11	1	4	0	2	2
バラン	5	1	1	0	1	2
須田	5	0	2	1	1	3
菊地	4	0	2	0	3	4
竹内	2	0	0	2	7	3
田中	9	0	3	3	0	4
津山	6	2	0	0	3	3
バロー	5	0	1	3	5	0
カーク	28	2	6	10	7	2
小酒部	0	0	0	0	0	1
計	75	6	19	19	35	26

宇都宮	得	③	②	F	R	反
ギブス	12	0	5	2	5	3
ピーク	10	2	2	0	3	0
比江島	10	1	2	3	2	4
テーブ	8	1	1	3	1	1
遠藤	4	0	2	0	2	3
竹内	4	0	1	2	6	1
渡邉	0	0	0	0	1	1
鵤	4	0	1	2	2	0
ロシタ	16	1	5	3	9	4
喜多川	0	0	0	0	0	2
スコッ	12	0	4	4	12	3
計	80	5	23	19	46	23

遠藤20得点、快勝で5連勝

第10戦 **2020.10.28**
（ブレックスアリーナ宇都宮、1850人）

vs. レバンガ北海道

宇都宮 85-76 北海道

第1Q 26 − 19
第2Q 14 − 10
第3Q 25 − 29
第4Q 20 − 18

遠藤祐亮の20得点を挙げる活躍などで、レバンガ北海道に一度もリードを許さず5連勝を達成。第4Qには一時3点差にまで迫られたが、終盤に鵤誠司と比江島慎のバスケットカウントなどで一気に突き放した。

10

宇都宮	得	③	②	F	R	反
ギブス	7	0	3	1	3	1
ピーク	1	0	0	1	1	0
比江島	19	2	5	3	0	1
テーブ	4	0	1	2	3	0
遠藤	20	4	4	0	0	2
竹内	2	0	1	0	5	1
渡邉	9	1	3	0	1	2
鵤	10	1	3	1	3	3
ロシタ	7	0	3	1	3	2
喜多川	0	0	0	0	1	2
スコッ	6	0	2	2	10	2
計	85	8	25	11	34	16

北海道	得	③	②	F	R	反
橋本	4	0	1	2	0	4
テイラ	13	2	3	1	0	1
葛原	2	0	1	0	2	2
中野	10	2	0	4	3	2
多嶋	3	1	0	0	1	4
ファイ	4	0	2	0	3	3
桜井	0	0	0	0	0	0
内田	2	0	1	0	0	3
メイヨ	25	1	8	6	11	1
ウィリ	13	3	1	2	5	3
計	76	9	17	15	28	23

1点差で振り切り今季初の首位

第9戦 **2020.10.25**
（大田原市県県北体育館、1303人）

vs. サンロッカーズ渋谷

宇都宮 78-77 SR渋谷

第1Q 21 − 22
第2Q 13 − 15
第3Q 28 − 15
第4Q 16 − 25

サンロッカーズ渋谷を1点差で振り切り、今季初の地区首位に。最終第4Qの残り1分で74−77とリードを許したものの、ライアン・ロシターの3点シュートとフリースローで逆転勝利。この試合でロシターはリーグ史上3人目となる通算2500リバウンドを達成。

09

宇都宮	得	③	②	F	R	反
ギブス	5	0	1	3	5	2
ピーク	8	0	3	2	2	3
比江島	7	1	2	0	1	2
テーブ	4	0	2	0	2	2
遠藤	5	1	1	0	2	3
竹内	2	0	1	0	2	1
渡邉	6	1	0	3	0	2
鵤	0	0	0	0	1	1
ロシタ	27	2	8	5	12	0
喜多川	0	0	0	0	0	0
スコッ	14	0	5	4	15	4
計	78	5	23	17	45	20

SR渋谷	得	③	②	F	R	反
関野	0	0	0	0	2	1
ベンド	2	0	1	0	0	2
ジャク	19	0	7	5	7	4
マカド	6	0	3	0	7	0
渡辺	3	1	0	0	4	3
野口	0	0	0	0	0	1
広瀬	0	0	0	0	1	0
石井	3	1	0	0	1	1
山内	4	0	2	0	1	2
ケリー	32	4	7	6	10	1
盛実	0	0	0	0	1	0
田渡	8	2	1	0	0	3
計	77	8	21	11	35	18

圧巻7連勝、首位をキープ

第12戦 **2020.11.8**
（シティホールプラザアオーレ長岡、1834人）

vs. 新潟アルビレックス

宇都宮 85-67 新潟

第1Q 24 − 8
第2Q 24 − 21
第3Q 19 − 19
第4Q 18 − 19

新潟アルビレックスに85−67と快勝、連勝を7に伸ばした。鵤誠司のスチールからの速攻やLJ・ピークの内外自在の攻めなどで前半から大量リードを築き、出場した11人全員が得点を奪って危なげなく逃げ切った。

12

新潟	得	③	②	F	R	反
セント	24	0	9	6	5	1
星野	0	0	0	0	0	0
大矢	0	0	0	0	2	2
五十嵐	3	0	1	1	1	3
柏倉	2	0	1	0	1	3
納見	0	0	0	0	1	3
佐藤	5	1	0	2	2	1
アレン	31	5	7	2	14	1
池田	0	0	0	0	2	1
林	2	0	1	0	1	0
計	67	6	19	11	29	15

宇都宮	得	③	②	F	R	反
ギブス	8	0	4	0	7	2
ピーク	16	2	4	2	1	1
比江島	8	0	4	0	1	2
テーブ	2	0	0	2	4	1
遠藤	3	1	0	0	0	2
竹内	6	0	3	0	7	1
渡邉	6	2	0	0	1	1
鵤	4	0	2	0	2	2
ロシタ	17	1	7	0	3	2
喜多川	4	0	0	4	1	1
スコッ	11	0	4	3	7	3
計	85	6	28	11	37	18

今季最多の99得点で快勝

第11戦 **2020.11.7**
（シティホールプラザアオーレ長岡、1793人）

vs. 新潟アルビレックス

宇都宮 99-57 新潟

第1Q 35 − 14
第2Q 20 − 7
第3Q 22 − 15
第4Q 22 − 21

今季最多となる99得点で新潟アルビレックスに快勝。LJ・ピークらが激しい守備を維持し、前後半とも優位を崩さなかった。この試合でジェフ・ギブスは計15得点11リバウンドと活躍し、Bリーグ通算1500リバウンドを達成した。

11

新潟	得	③	②	F	R	反
セント	9	0	2	5	1	3
星野	2	0	1	0	1	1
大矢	8	0	2	4	5	4
五十嵐	0	0	0	0	0	1
柏倉	4	1	0	1	0	1
納見	9	1	3	0	2	2
佐藤	0	0	0	0	1	0
アレン	25	2	8	3	11	1
池田	0	0	0	0	0	0
林	0	0	0	0	2	0
計	57	4	16	13	27	13

宇都宮	得	③	②	F	R	反
ギブス	15	1	4	4	11	3
ピーク	7	1	2	0	1	2
比江島	12	2	3	0	1	3
テーブ	6	2	0	0	0	2
遠藤	9	3	0	0	1	0
竹内	7	0	3	1	4	2
渡邉	10	2	2	0	2	2
鵤	5	1	1	0	2	2
ロシタ	15	1	6	0	7	1
喜多川	5	1	1	0	2	1
スコッ	8	0	4	0	9	1
計	99	14	26	5	44	19

F=フリースロー、R=リバウンド。各項目の合計はチームスコアを含む

2020-21 B.LEAGUE REGULAR SEASON REVIEW

攻守盤石　圧勝で9連勝

第14戦 **2020.11.14**
(エフピコアリーナふくやま、1745人)

vs. 広島ドラゴンフライズ

宇都宮 84-54 広島

	宇都宮		広島
第1Q	29	–	10
第2Q	14	–	7
第3Q	15	–	20
第4Q	26	–	17

今季B1に初昇格した広島ドラゴンフライズに圧勝、9連勝を飾った。第2Qに田臥勇太が今季初出場。攻守に相手を圧倒し、後半は渡邉裕規らの活躍で危なげなく逃げ切った。

14

広島	得	③	②	F	R	反
トレイ	8	0	3	2	7	1
ケネデ	7	1	2	0	3	2
朝山	4	0	2	0	2	1
岡本	2	0	1	0	4	2
マーフ	9	0	3	3	2	0
エチェ	16	0	5	6	11	1
田渡	0	0	0	0	2	0
田中	3	0	1	1	0	3
荒尾	0	0	0	0	0	0
古野	0	0	0	0	1	1
谷口	2	0	1	0	0	0
森山	3	1	0	0	1	0
計	54	2	18	12	35	11

宇都宮	得	③	②	F	R	反
田臥	0	0	0	0	1	2
ギブス	7	1	1	2	8	4
ピーク	10	3	0	1	1	1
比江島	10	2	2	0	1	0
テーブ	6	0	3	0	0	1
遠藤	7	1	2	0	2	2
竹内	4	0	2	0	6	1
渡邉	10	2	1	2	2	0
鵤	5	1	1	0	3	3
ロシタ	7	1	2	0	8	2
喜多川	8	2	1	0	2	0
スコッ	10	0	5	0	8	0
計	84	13	20	5	48	16

終盤に底力発揮し8連勝

第13戦 **2020.11.11**
(CNAアリーナ☆あきた、1707人)

vs. 秋田ノーザンハピネッツ

宇都宮 72-69 秋田

	宇都宮		秋田
第1Q	15	–	15
第2Q	21	–	14
第3Q	16	–	24
第4Q	20	–	16

秋田ノーザンハピネッツに72-69で競り勝ち、8連勝をマークした。第3Qに逆転を許し、第4Q立ち上がりには5点差をつけられたものの、そこから底力を発揮。鵤誠司の3点シュートで追い上げ、残り23秒で鵤が再び3点シュートを決めて競り勝った。

13

秋田	得	③	②	F	R	反
大浦	5	1	1	0	1	2
細谷	5	1	0	2	1	2
野本	3	0	1	1	2	1
デイビ	9	0	3	3	10	2
伊藤	17	0	8	1	1	3
中山	9	1	3	0	3	3
長谷川	10	1	2	3	1	5
多田	0	0	0	0	0	0
保岡	1	0	0	1	2	4
コール	10	0	3	4	17	3
計	69	4	21	15	41	25

宇都宮	得	③	②	F	R	反
ギブス	9	0	2	5	3	3
ピーク	12	2	2	2	2	1
比江島	11	0	4	3	7	2
テーブ	4	0	1	2	2	3
遠藤	0	0	0	0	1	2
竹内	0	0	0	0	2	1
渡邉	3	1	0	0	0	2
鵤	17	4	1	3	1	2
ロシタ	11	1	3	2	9	1
喜多川	3	1	0	0	2	1
スコッ	2	0	1	0	5	2
計	72	9	14	17	43	20

今季最少得点、11連勝逃す

第16戦 **2020.12.2**
(ブレックスアリーナ宇都宮、2149人)

vs. 川崎ブレイブサンダース

川崎 67-60 宇都宮

	川崎		宇都宮
第1Q	17	–	13
第2Q	10	–	9
第3Q	20	–	14
第4Q	20	–	24

川崎ブレイブサンダースに今季最少得点の60-67で競り負け、連勝が10でストップした。前半から追う展開を強いられ、第4Qには渡邉裕規、ライアン・ロシターらの得点で一時5点差に迫ったものの、わずかに及ばなかった。

16

宇都宮	得	③	②	F	R	反
ギブス	8	0	3	2	4	2
ピーク	9	0	3	3	1	4
比江島	8	0	4	0	1	2
テーブ	0	0	0	0	1	0
遠藤	9	1	3	0	2	4
竹内	0	0	0	0	6	1
渡邉	3	1	0	0	0	1
鵤	5	1	0	2	4	1
ロシタ	10	2	1	2	7	3
喜多川	0	0	0	0	2	0
スコッ	8	0	3	2	7	3
計	60	5	17	11	38	21

川崎	得	③	②	F	R	反
藤井	9	3	0	0	2	4
ボンズ	6	0	2	2	4	1
篠山	4	0	2	0	2	2
増田	9	0	3	3	0	3
辻	3	0	1	1	1	1
ファジ	14	0	4	6	10	2
大塚	0	0	0	0	0	2
熊谷	4	0	2	0	1	3
アギラ	12	1	3	3	10	1
シモン	6	0	3	0	3	1
計	67	4	20	15	36	20

連続15得点で逆転、10連勝

第15戦 **2020.11.15**
(エフピコアリーナふくやま、1740人)

vs. 広島ドラゴンフライズ

宇都宮 85-71 広島

	宇都宮		広島
第1Q	13	–	25
第2Q	30	–	10
第3Q	21	–	17
第4Q	21	–	19

ライアン・ロシターの24得点の活躍などで快勝、破竹の10連勝を飾った。第1Qは13-25とリードを許したものの、第2Qに連続15得点を奪って一気に逆転。後半もジョシュ・スコットのダンクなどで得点を重ねて振り切った。

15

広島	得	③	②	F	R	反
トレイ	30	0	12	6	11	1
ケネデ	9	0	3	3	4	4
朝山	7	1	2	0	3	2
岡本	3	1	0	0	3	2
マーフ	8	1	2	1	1	2
エチェ	6	0	3	0	2	3
田渡	0	0	0	0	0	0
田中	5	1	1	0	3	0
古野	3	1	0	0	0	2
計	71	5	23	10	29	16

宇都宮	得	③	②	F	R	反
田臥	0	0	0	0	0	1
ギブス	6	0	3	0	7	0
ピーク	4	0	2	0	1	3
比江島	12	2	3	0	0	1
テーブ	4	0	1	2	2	0
遠藤	0	0	0	0	3	1
竹内	2	0	1	0	4	4
渡邉	11	3	1	0	0	1
鵤	3	1	0	0	0	0
ロシタ	24	2	8	2	8	1
喜多川	8	2	1	0	2	0
スコッ	11	0	3	5	7	2
計	85	10	23	9	36	14

自慢の守備が機能せず苦杯喫す

第18戦 **2020.12.6**
(おおきにアリーナ舞洲、1394人)

vs. 大阪エヴェッサ

大阪 90-73 宇都宮

	大阪		宇都宮
第1Q	21	–	15
第2Q	14	–	17
第3Q	26	–	24
第4Q	29	–	17

自慢の堅守がうまく機能せず、大阪エヴェッサに苦杯を喫した。第1Q中盤から大阪にリードを許す苦しい展開。第2Qに竹内公輔、ジョシュ・スコットらの得点で追い上げたが、後半、内外から精度の高いシュートを決められて突き放された。

18

大阪	得	③	②	F	R	反
ドンリ	3	1	0	0	0	4
駒水	0	0	0	0	2	0
中村	9	1	3	0	1	1
橋本	10	0	3	4	0	4
ニュー	26	4	1	12	4	3
ブラウ	18	0	8	2	7	3
スタツ	14	1	5	1	11	1
ハレル	10	0	3	4	11	3
計	90	7	23	23	37	19

宇都宮	得	③	②	F	R	反
ギブス	16	2	3	4	8	2
ピーク	3	1	0	0	2	0
比江島	4	0	2	0	1	3
テーブ	5	0	2	1	2	1
遠藤	2	0	1	0	0	4
竹内	6	0	2	2	2	2
渡邉	3	1	0	0	0	2
鵤	3	1	0	0	0	1
ロシタ	17	0	7	3	5	4
喜多川	0	0	0	0	2	0
スコッ	14	0	6	2	6	3
計	73	5	23	12	37	22

6選手2桁得点で圧勝

第17戦 **2020.12.5**
(おおきにアリーナ舞洲、1324人)

vs. 大阪エヴェッサ

宇都宮 94-69 大阪

	宇都宮		大阪
第1Q	18	–	17
第2Q	29	–	17
第3Q	21	–	12
第4Q	26	–	23

大阪エヴェッサに94-69と快勝、東地区首位を堅持した。第2Qに渡邉裕規が2本の3点シュートを決めるなどして突き放し、後半も竹内公輔らの活躍で着実に加点。最多15得点の渡邉をはじめ計6選手が2桁得点を挙げて危なげなく逃げ切った。

17

大阪	得	③	②	F	R	反
ドンリ	8	2	1	0	3	0
土屋	0	0	0	0	0	3
駒水	0	0	0	0	1	1
中村	3	1	0	0	0	1
橋本	16	0	4	8	2	3
ニュー	14	1	5	1	4	1
ブラウ	5	0	1	3	11	2
スタツ	14	0	6	2	10	4
ハレル	9	0	4	1	3	1
計	69	4	21	15	35	16

宇都宮	得	③	②	F	R	反
ギブス	4	0	2	0	7	1
ピーク	6	2	0	0	1	2
比江島	11	1	4	0	1	3
テーブ	10	2	2	0	3	0
遠藤	3	0	1	1	0	2
竹内	13	0	5	3	0	3
渡邉	15	4	0	3	2	0
鵤	11	0	5	1	2	1
ロシタ	7	0	3	1	5	1
喜多川	4	1	0	1	1	2
スコッ	10	0	4	2	10	3
計	94	10	26	12	37	18

後半の攻勢で快勝、連勝飾る

第20戦 **2020.12.12**

（ウカルちゃんアリーナ、1225人）

vs. 滋賀レイクスターズ

宇都宮 86-75 滋賀

第1Q 16 － 16
第2Q 23 － 15
第3Q 25 － 22
第4Q 22 － 22

LJ・ピークが23得点を挙げる活躍などで滋賀レイクスターズを撃破、2連勝を飾った。第4Qには一時4点差まで迫られたが、鵤誠司がスチールを得点につなげるなど守備の集中を切らさず、最後はピークがダンクシュートを決めて振り切った。

20

滋 賀	得	③	②	F	R	反
オクテ	21	4	4	1	4	5
村 上	0	0	0	0	3	2
狩 俣	8	2	1	0	3	1
ハミル	8	2	0	2	4	5
晴 山	4	0	2	0	5	1
今 川	2	0	1	0	1	0
ブラン	16	1	5	3	11	3
谷 口	0	0	0	0	0	1
伊 藤	0	0	0	0	0	1
頓 宮	2	0	1	0	1	1
前 田	14	0	5	4	3	2
計	75	9	19	10	43	22

宇都宮	得	③	②	F	R	反
ギブス	8	0	3	2	7	1
ピーク	23	3	4	6	3	3
テーブ	3	0	1	1	0	4
遠 藤	10	2	2	0	0	0
竹 内	6	0	1	4	3	1
渡 邉	2	0	0	2	1	0
鵤	5	1	1	0	1	1
ロシタ	9	1	2	2	10	0
喜多川	6	2	0	0	0	0
スコッ	14	0	6	2	4	1
計	86	9	20	19	33	11

全員得点、今季初の100点ゲーム

第19戦 **2020.12.9**

（ブレックスアリーナ宇都宮、1994人）

vs. 富山グラウジーズ

宇都宮 100-63 富山

第1Q 18 － 14
第2Q 24 － 13
第3Q 33 － 21
第4Q 25 － 15

富山グラウジーズを相手に今季初となる100点ゲームを披露。序盤は一進一退の攻防ながら守備から徐々にリズムをつかみ、ライアン・ロシターの22得点、LJ・ピークの20得点をはじめ、出場した全11選手が得点をマークする圧勝だった。

19

宇都宮	得	③	②	F	R	反
ギブス	6	0	2	2	8	3
ピーク	20	3	5	1	3	4
比江島	3	1	0	0	0	2
テーブ	7	0	2	3	1	3
遠 藤	13	1	5	0	3	0
竹 内	4	0	2	0	9	2
渡 邉	4	1	0	1	0	1
鵤	2	0	1	0	2	2
ロシタ	22	1	8	3	12	1
喜多川	8	2	1	0	2	2
スコッ	11	0	3	5	1	2
計	100	9	29	15	43	22

富 山	得	③	②	F	R	反
ソロモ	12	0	5	2	4	3
山 口	0	0	0	0	1	0
水 戸	3	1	0	0	1	4
宇 都	6	0	3	0	0	3
前 田	2	0	1	0	2	1
松 脇	0	0	0	0	0	0
橋 本	0	0	0	0	3	4
城 宝	11	3	1	0	1	0
マブン	12	1	2	5	5	2
スミス	7	0	3	1	8	2
岡 田	10	0	3	4	0	2
計	63	5	18	12	30	21

堅守が復活、接戦を制す

第22戦 **2020.12.19**

（ブレックスアリーナ宇都宮、2148人）

vs. アルバルク東京

宇都宮 75-69 A東京

第1Q 16 － 10
第2Q 23 － 14
第3Q 18 － 20
第4Q 18 － 25

アルバルク東京を相手に堅守で接戦をものにした。前半はLJ・ピーク、ライアン・ロシターらの奮闘で39−24とリード。後半は点差を詰められたが、第4Qにピーク、ロシターが精度の高いシュートを沈めて粘る東京を突き放した。

22

宇都宮	得	③	②	F	R	反
ギブス	12	1	3	3	7	2
ピーク	19	3	4	2	4	4
テーブ	2	0	1	0	2	1
遠 藤	6	2	0	0	2	1
竹 内	6	0	3	0	2	1
渡 邉	0	0	0	0	2	2
鵤	6	0	3	0	1	4
ロシタ	20	2	7	0	6	0
喜多川	3	0	1	1	1	1
スコッ	1	0	0	1	6	3
計	75	8	22	7	38	19

A東京	得	③	②	F	R	反
トーマ	16	3	3	1	3	2
小 島	0	0	0	0	0	0
安 藤	12	2	2	2	1	0
ジョー	8	0	3	2	8	2
菊 地	0	0	0	0	2	4
竹 内	2	0	1	0	3	0
田 中	9	1	3	0	2	1
津 山	0	0	0	0	1	1
カーク	18	0	7	4	9	2
小酒部	4	0	0	4	3	4
計	69	6	19	13	34	16

ミス相次ぎ敗戦、首位から転落

第21戦 **2020.12.13**

（ウカルちゃんアリーナ、1309人）

vs. 滋賀レイクスターズ

滋賀 87-73 宇都宮

第1Q 27 － 22
第2Q 13 － 14
第3Q 25 － 15
第4Q 22 － 22

滋賀レイクスターズに73−87で敗れ、千葉ジェッツと入れ替わって東地区2位に後退した。第2QにLJ・ピークのゴールで一時逆転したものの、速攻から連続得点を奪われ36−40で折り返し。後半も滋賀の堅守に苦しみ、逃げ切りを許した。

21

滋 賀	得	③	②	F	R	反
オクテ	15	0	6	3	5	1
村 上	8	0	4	0	2	1
狩 俣	7	1	1	2	1	1
ハミル	31	6	4	5	8	3
今 川	0	0	0	0	0	2
ブラン	13	0	4	5	10	3
谷 口	0	0	0	0	0	1
伊 藤	2	0	1	0	4	4
頓 宮	3	1	0	0	2	1
前 田	8	0	3	2	5	5
計	87	8	23	17	41	22

宇都宮	得	③	②	F	R	反
ギブス	9	0	3	3	10	1
ピーク	16	1	6	1	2	1
テーブ	10	0	3	4	2	3
遠 藤	0	0	0	0	1	2
竹 内	0	0	0	0	2	1
渡 邉	0	0	0	0	0	3
鵤	8	0	3	2	1	3
ロシタ	17	0	6	5	11	3
喜多川	3	1	0	0	0	3
スコッ	10	0	5	0	9	3
計	73	2	26	15	45	23

接戦を制して3連勝

第24戦 **2020.12.26**

（ウィングアリーナ刈谷、1375人）

vs. シーホース三河

宇都宮 88-82 三河

第1Q 24 － 14
第2Q 16 － 19
第3Q 29 － 22
第4Q 19 － 27

西地区首位のシーホース三河に88−82で競り勝ち、3連勝。第2Qに一時逆転を許したが、遠藤祐亮、テーブス海のゴールで突き放し40−33で折り返した。後半も主導権を握り、第3Qにピークが12点を挙げるなどして最後は6点差で振り切った。

24

三 河	得	③	②	F	R	反
川 村	5	1	1	0	0	0
柏 木	10	1	3	1	4	3
コリン	6	0	3	0	7	1
長 野	10	1	3	1	2	4
高 橋	5	1	1	0	0	1
熊 谷	0	0	0	0	0	0
金 丸	4	0	2	0	0	1
根 来	0	0	0	0	1	1
ウィテ	11	1	4	0	4	3
シェー	10	1	3	1	4	1
ガード	21	1	7	4	11	3
計	82	7	27	7	37	18

宇都宮	得	③	②	F	R	反
ギブス	9	2	1	1	8	3
ピーク	22	2	5	6	3	2
テーブ	8	2	1	0	4	3
遠 藤	4	0	2	0	3	1
竹 内	4	0	2	0	2	0
渡 邉	5	1	1	0	0	2
鵤	9	1	3	0	2	2
ロシタ	6	0	3	0	8	0
喜多川	3	1	0	0	0	3
スコッ	18	0	8	2	9	1
計	88	9	26	9	39	17

2連勝で年内ホーム最終戦飾る

第23戦 **2020.12.20**

（ブレックスアリーナ宇都宮、2180人）

vs. アルバルク東京

宇都宮 86-70 A東京

第1Q 15 － 14
第2Q 31 － 18
第3Q 21 － 21
第4Q 19 － 17

アルバルク東京に2連勝で年内ホーム最終戦を飾った。第2Qに喜多川修平、渡邉裕規の3点シュートなどで大量31得点。第4Q終盤は一時8点差にまで詰められたものの、ジョシュ・スコットらのゴールで突き放した。

23

宇都宮	得	③	②	F	R	反
ギブス	4	0	2	0	8	3
ピーク	16	3	2	3	1	3
テーブ	4	0	2	0	1	1
遠 藤	9	1	2	2	1	4
竹 内	5	0	2	1	2	3
渡 邉	13	3	2	0	2	1
鵤	0	0	0	0	0	1
ロシタ	16	0	7	2	6	1
喜多川	3	1	0	0	1	1
スコッ	16	0	5	6	12	1
計	86	8	24	14	42	19

A東京	得	③	②	F	R	反
トーマ	14	2	3	2	2	2
小 島	2	0	1	0	1	3
安 藤	3	1	0	0	2	3
バラン	2	0	0	2	4	3
菊 地	2	0	1	0	1	3
竹 内	0	0	0	0	3	3
平 岩	2	0	1	0	0	1
田 中	10	0	4	2	2	1
カーク	31	0	11	9	13	3
小酒部	4	0	1	2	0	1
計	70	3	22	17	29	23

F=フリースロー、R=リバウンド。各項目の合計はチームスコアを含む

粘り発揮し地区首位に浮上

vs. 名古屋ダイヤモンドドルフィンズ

第26戦 2021.1.2
(ドルフィンズアリーナ、1922人)

26

宇都宮	85-72	名古屋D
第1Q	16 - 16	
第2Q	19 - 11	
第3Q	20 - 19	
第4Q	30 - 26	

名古屋ダイヤモンドドルフィンズに快勝、東地区首位に浮上した。第3Qに一時4点差まで迫られたが、喜多川修平の得点で突き放し、両チーム最多の29得点を挙げたLJ・ピークの活躍などで勝負を決めた。

名古屋D	得	③	②	F	R	反
小 林	6	0	3	0	3	2
斎 藤	8	1	2	1	2	2
エアー	9	2	1	1	7	2
菊 池	0	0	0	0	0	1
張 本	2	0	0	2	0	1
安 藤	9	1	3	0	2	1
ライオ	21	3	5	2	9	2
中 東	5	1	1	0	1	0
バーレ	10	0	4	2	6	3
木 下	0	0	0	0	0	0
狩 野	2	0	0	2	0	1
計	72	8	19	10	31	15

宇都宮	得	③	②	F	R	反
田 臥	0	0	0	0	0	0
ギブス	9	0	4	1	10	0
ピーク	29	5	7	0	1	2
テーブ	1	0	0	1	0	2
遠 藤	9	0	4	1	4	1
竹 内	4	0	2	0	0	1
荒 谷	2	0	1	0	0	0
渡 邉	5	0	1	3	0	1
鵤	0	0	0	0	2	2
ロシタ	15	1	5	2	10	2
喜多川	5	1	1	0	0	2
スコッ	6	0	2	2	12	3
計	85	7	27	10	44	16

前半戦天王山で快勝

vs. 千葉ジェッツ

第28戦 2021.1.23
(ブレックスアリーナ宇都宮、1913人)

28

宇都宮	84-64	千 葉
第1Q	21 - 21	
第2Q	23 - 15	
第3Q	26 - 10	
第4Q	14 - 18	

東地区2位の千葉ジェッツを84−64で撃破、3連勝で東地区首位を堅持した。第3Q、LJ・ピークや鵤誠司らのスチールから得点を伸ばしリードを24点に拡大。第4Qも守備の強度を維持して天王山の一戦に快勝した。

宇都宮	得	③	②	F	R	反
田 臥	0	0	0	0	0	0
ギブス	12	0	6	0	5	2
ピーク	15	4	0	3	2	1
テーブ	4	0	1	2	2	4
遠 藤	12	2	3	0	3	2
竹 内	3	0	1	1	6	1
渡 邉	4	0	1	2	3	2
鵤	2	0	1	0	1	1
ロシタ	11	1	3	2	9	2
喜多川	15	2	2	5	0	2
スコッ	6	0	3	0	8	3
計	84	9	21	15	44	20

千 葉	得	③	②	F	R	反
ダンカ	9	1	1	4	5	0
富 樫	4	0	2	0	0	2
フリッ	0	0	0	0	2	2
田 口	3	1	0	0	0	2
赤 穂	2	0	0	2	0	0
西 村	10	2	1	2	1	3
ショー	11	1	4	0	6	2
佐 藤	0	0	0	0	2	3
エドワ	8	0	4	0	4	2
サイズ	15	1	4	4	4	3
原	2	0	0	2	5	2
計	64	6	16	14	34	21

攻守に停滞、前半最終戦で不覚

vs. アルバルク東京

第30戦 2021.1.27
(ブレックスアリーナ宇都宮、1633人)

30

A東京	83-59	宇都宮
第1Q	13 - 19	
第2Q	14 - 12	
第3Q	30 - 15	
第4Q	26 - 13	

アルバルク東京に逆転負けを喫した。前半を31−27で折り返したものの、第3Qは序盤から連続15失点で一気に逆転を許すと攻撃も停滞。最終第4Qも相手の勢いを止められず、ジョシュ・スコットらの得点で追い上げたが及ばなかった。

宇都宮	得	③	②	F	R	反
ギブス	14	1	4	3	8	2
ピーク	5	1	1	0	1	2
比江島	0	0	0	0	0	0
テーブ	7	0	3	1	1	3
遠 藤	5	1	1	0	1	3
竹 内	0	0	0	0	4	2
渡 邉	2	0	0	2	2	1
鵤	2	0	1	0	0	1
ロシタ	9	2	1	1	3	0
喜多川	7	0	2	3	1	2
スコッ	8	0	3	2	13	3
計	59	5	16	12	37	20

A東京	得	③	②	F	R	反
トーマ	14	1	5	1	4	0
小 島	11	1	4	0	3	2
安 藤	4	1	0	1	0	3
ジョー	7	0	3	1	8	1
バラン	5	1	1	0	4	1
須 田	6	0	2	2	2	3
菊 地	0	0	0	0	4	4
竹 内	3	1	0	0	4	0
田 中	14	0	5	4	2	1
カーク	19	3	3	4	12	2
計	83	8	23	13	47	17

年内最終戦白星で飾れず

vs. シーホース三河

第25戦 2020.12.27
(ウィングアリーナ刈谷、1402人)

25

三 河	90-70	宇都宮
第1Q	20 - 19	
第2Q	31 - 16	
第3Q	19 - 25	
第4Q	20 - 10	

シーホース三河に完敗を喫し、年内最終戦を白星で飾れなかった。第1Qに元ブレックスの川村卓也に11得点を許すなど前半を35−51で折り返し。第3Qには連続12点を挙げて1点差にまで追い上げたが、第4Qは勢いを増した三河の攻撃を止められなかった。

三 河	得	③	②	F	R	反
川 村	11	2	1	3	1	2
柏 木	2	0	1	0	1	1
コリン	8	0	4	0	7	4
長 野	20	1	7	3	2	2
熊 谷	0	0	0	0	0	0
金 丸	13	1	3	4	2	1
根 来	3	1	0	0	5	2
ウィテ	12	2	3	0	4	4
シェー	2	0	1	0	1	0
ガード	19	1	6	4	9	2
計	90	8	26	14	34	18

宇都宮	得	③	②	F	R	反
ギブス	9	1	2	2	4	4
ピーク	15	1	6	0	3	3
テーブ	12	1	4	1	2	2
遠 藤	5	1	1	0	0	1
竹 内	2	0	0	2	1	0
渡 邉	0	0	0	0	0	0
鵤	3	1	0	0	2	2
ロシタ	9	0	3	3	13	2
喜多川	3	1	0	0	0	2
スコッ	12	0	4	4	5	1
計	70	6	20	12	35	17

1点差で振り切り2連勝飾る

vs. 名古屋ダイヤモンドドルフィンズ

第27戦 2021.1.3
(ドルフィンズアリーナ、1941人)

27

宇都宮	77-76	名古屋D
第1Q	18 - 26	
第2Q	22 - 14	
第3Q	23 - 17	
第4Q	14 - 19	

名古屋ダイヤモンドドルフィンズを1点差で振り切り2連勝を飾った。第4Qに遠藤祐亮らの得点でリードを10点に広げたものの、終盤の連続失点で76−76。最後はLJ・ピークが自ら獲得したフリースローを決めて振り切った。

名古屋D	得	③	②	F	R	反
小 林	5	1	1	0	2	1
斎 藤	8	0	3	2	1	2
エアー	10	1	3	1	6	3
張 本	2	0	0	2	4	3
安 藤	5	1	1	0	1	0
ライオ	16	2	4	2	5	1
中 東	12	1	3	3	2	1
バーレ	16	1	5	3	9	4
狩 野	2	0	1	0	4	0
計	76	7	21	13	35	15

宇都宮	得	③	②	F	R	反
田 臥	0	0	0	0	0	0
ギブス	11	1	3	2	5	2
ピーク	15	2	4	1	4	1
テーブ	5	1	1	0	1	1
遠 藤	4	0	2	0	3	3
竹 内	0	0	0	0	0	2
渡 邉	12	2	3	0	2	3
鵤	8	0	4	0	3	2
ロシタ	11	0	5	1	7	1
喜多川	3	1	0	0	0	2
スコッ	8	0	3	2	3	2
計	77	7	25	6	30	19

流れを渡さず難敵に連勝果たす

vs. 千葉ジェッツ

第29戦 2021.1.24
(ブレックスアリーナ宇都宮、1989人)

29

宇都宮	88-76	千 葉
第1Q	22 - 16	
第2Q	22 - 12	
第3Q	26 - 24	
第4Q	18 - 24	

難敵・千葉ジェッツを88−76で振り切り4連勝。前半は堅守が光り、喜多川修平や遠藤祐亮が要所で3点シュートを決めて44−28で折り返し。後半はLJ・ピークの3点シュート2本を含む11得点の活躍などで最後まで流れを渡さなかった。

宇都宮	得	③	②	F	R	反
田 臥	0	0	0	0	0	0
ギブス	4	0	2	0	1	3
ピーク	14	2	2	4	1	2
テーブ	6	0	2	2	3	0
遠 藤	15	5	0	0	2	4
竹 内	4	0	1	2	5	1
荒 谷	2	0	0	2	1	0
渡 邉	6	2	0	0	0	1
鵤	8	0	3	2	2	2
ロシタ	4	1	0	1	5	3
喜多川	13	3	1	2	3	1
スコッ	12	0	5	2	9	2
計	88	13	16	17	33	19

千 葉	得	③	②	F	R	反
ダンカ	20	2	4	6	11	2
富 樫	9	1	2	2	0	1
フリッ	4	0	1	2	1	3
田 口	0	0	0	0	1	1
赤 穂	4	0	2	0	0	0
西 村	5	1	1	0	0	0
ショー	6	2	0	0	4	2
佐 藤	0	0	0	0	0	5
藤 永	1	0	0	1	1	1
エドワ	5	1	1	0	2	4
サイズ	17	0	6	5	13	0
原	5	1	1	0	1	1
計	76	8	18	16	40	20

テーブス躍動、3連敗回避

vs. サンロッカーズ渋谷

第32戦 2021.1.31
（大田区総合体育館、1571人）

宇都宮 67-62 SR渋谷

第1Q	17	–	11
第2Q	18	–	13
第3Q	17	–	23
第4Q	15	–	15

サンロッカーズ渋谷に67−62と競り勝ち、連敗を2で止めた。今季初先発したテーブス海が躍動し、第2Qにドライブなどから6得点。第4Qは粘る渋谷に2度追い付かれたが、最後はジョシュ・スコット、ジェフ・ギブスらのフリースローで逃げ切った。

32

SR渋谷	得	③	②	F	R	反
関 野	5	1	1	0	0	2
ベンド	18	1	4	7	3	4
ジャク	16	0	6	4	10	5
マカド	9	0	4	1	16	4
渡 辺	3	0	0	3	4	2
野 口	0	0	0	0	0	1
広 瀬	2	0	1	0	0	2
山 内	0	0	0	0	0	0
盛 実	5	1	1	0	1	0
田 渡	4	0	2	0	5	4
八 村	0	0	0	0	2	1
計	62	3	19	15	43	25

宇都宮	得	③	②	F	R	反
田 臥	2	0	1	0	0	1
ギブス	8	0	3	2	5	4
ピーク	12	2	0	6	7	1
テーブ	14	0	6	2	2	1
遠 藤	6	2	0	0	2	3
竹 内	6	0	2	2	8	2
鵤	3	1	0	0	6	3
喜多川	0	0	0	0	0	1
スコッ	16	0	5	6	8	3
計	67	5	17	18	42	19

要所でミス、今季初の連敗

vs. サンロッカーズ渋谷

第31戦 2021.1.30
（大田区総合体育館、1497人）

SR渋谷 77-71 宇都宮

第1Q	18	–	17
第2Q	21	–	17
第3Q	19	–	17
第4Q	19	–	20

サンロッカーズ渋谷に71−77と競り負け、今季初の連敗となった。第3Qは要所でミスを重ねて一時リードを10点差に広げられる苦しい展開。第4QはLJ・ピークの14得点の活躍などで残り4分に逆転したものの、守備で踏ん張れず再逆転された。

31

SR渋谷	得	③	②	F	R	反
関 野	6	1	1	1	2	2
ベンド	16	2	5	0	1	0
ジャク	17	0	6	5	12	3
マカド	19	0	9	1	9	3
渡 辺	4	0	2	0	3	2
野 口	0	0	0	0	1	2
広 瀬	1	0	0	1	3	1
石 井	3	0	0	3	0	1
山 内	11	1	2	4	1	2
田 渡	0	0	0	0	0	0
計	77	4	25	15	35	16

宇都宮	得	③	②	F	R	反
田 臥	2	0	1	0	0	0
ギブス	11	0	4	3	9	3
ピーク	16	2	2	6	3	1
比江島	7	0	2	3	2	3
テーブ	7	1	2	0	1	3
遠 藤	3	1	0	0	2	4
竹 内	4	0	1	2	3	2
鵤	5	0	2	1	1	0
喜多川	2	0	1	0	0	2
スコッ	14	0	6	2	12	3
計	71	4	21	17	36	21

勝負強さ発揮、最終Qに逆転

vs. 新潟アルビレックス

第34戦 2021.2.7
（ブレックスアリーナ宇都宮、1310人）

宇都宮 74-67 新潟

第1Q	16	–	15
第2Q	22	–	18
第3Q	15	–	25
第4Q	21	–	9

新潟アルビレックスに競り勝ち、最終Qに逆転勝利を収めた。第3Qに53−58と逆転されたものの、第4Qには竹内公輔らの粘り強いリバウンドで流れを引き戻して再逆転に成功。終盤は鵤誠司、遠藤祐亮らの活躍でそのまま振り切った。

34

宇都宮	得	③	②	F	R	反
田 臥	0	0	0	0	0	0
ギブス	17	1	6	2	5	4
ピーク	3	1	0	0	3	1
テーブ	4	0	2	0	2	2
遠 藤	7	0	3	1	1	0
竹 内	2	0	1	0	5	3
渡 邉	5	0	1	3	3	3
鵤	14	2	4	0	5	2
喜多川	2	0	1	0	0	2
スコッ	20	0	7	6	12	1
計	74	4	25	12	41	18

新 潟	得	③	②	F	R	反
ダーラ	28	0	13	2	7	4
柏 倉	2	0	1	0	5	2
西 田	3	1	0	0	0	0
納 見	1	0	0	1	1	3
佐 藤	8	2	0	2	1	1
アレン	13	0	5	3	10	2
池 田	0	0	0	0	0	0
林	0	0	0	0	3	2
ウォッ	12	0	6	0	6	4
計	67	3	25	8	36	18

今季最少失点で圧勝

vs. 新潟アルビレックス

第33戦 2021.2.6
（ブレックスアリーナ宇都宮、1327人）

宇都宮 86-48 新潟

第1Q	28	–	8
第2Q	22	–	11
第3Q	18	–	14
第4Q	18	–	15

新潟アルビレックスを相手に今季最少失点となる86−48で圧勝、東地区優勝マジックが初点灯した。序盤から遠藤祐亮、テーブス海らの活躍で連続16得点をマークするなど圧倒。リバウンド数も55−26と新潟を全く寄せつけなかった。

33

宇都宮	得	③	②	F	R	反
田 臥	0	0	0	0	0	0
ギブス	6	0	3	0	12	4
ピーク	6	2	0	0	5	1
テーブ	12	1	4	1	0	1
遠 藤	20	4	4	0	1	1
竹 内	5	1	1	0	5	3
荒 谷	0	0	0	0	1	3
渡 邉	2	0	1	0	1	0
鵤	2	0	1	0	3	2
喜多川	23	4	3	5	3	1
スコッ	8	0	4	0	16	2
星 川	2	0	1	0	0	0
計	86	12	22	6	55	18

新 潟	得	③	②	F	R	反
伊 藤	0	0	0	0	0	0
大 矢	0	0	0	0	0	0
ダーラ	10	0	4	2	10	1
柏 倉	2	0	1	0	1	3
西 田	2	0	1	0	2	1
納 見	0	0	0	0	0	1
佐 藤	3	1	0	0	1	1
アレン	7	1	1	2	3	0
水 野	0	0	0	0	0	2
池 田	2	0	0	2	1	2
林	7	1	2	0	0	1
ウォッ	15	1	4	4	5	3
計	48	4	13	10	26	15

終盤に底力発揮、5連勝

vs. 京都ハンナリーズ

第36戦 2021.2.13
（ブレックスアリーナ宇都宮、1541人）

宇都宮 76-71 京都

第1Q	17	–	19
第2Q	22	–	14
第3Q	18	–	20
第4Q	19	–	18

京都ハンナリーズを76−71で退け、5連勝をマークした。前後半とも競り合う展開となり、第3Qにジェフ・ギブスの連続得点で勝ち越し。第4Q立ち上がりには2点差まで迫られたが、喜多川修平、遠藤祐亮の3点シュートで突き放した。

36

宇都宮	得	③	②	F	R	反
田 臥	0	0	0	0	0	0
ギブス	9	0	3	3	6	3
ピーク	10	1	3	1	1	1
テーブ	2	0	1	0	0	3
遠 藤	10	2	1	2	1	3
竹 内	6	0	3	0	3	0
渡 邉	6	2	0	0	0	1
鵤	3	0	1	1	2	1
ロシタ	13	1	4	2	6	1
喜多川	3	1	0	0	1	3
スコッ	14	0	6	2	19	1
計	76	7	22	11	44	17

京 都	得	③	②	F	R	反
寺 嶋	11	0	5	1	3	1
久保田	0	0	0	0	1	0
松 井	11	1	4	0	2	1
満 田	2	0	1	0	0	4
ライス	22	1	6	7	11	3
細 川	3	1	0	0	3	2
ハーパ	16	1	6	1	9	2
永 吉	6	0	2	2	3	3
計	71	4	24	11	40	16

土壇場で決着、4連勝飾る

vs. レバンガ北海道

第35戦 2021.2.10
（北海きたえーる、1661人）

宇都宮 87-85 北海道

第1Q	15	–	20
第2Q	27	–	24
第3Q	26	–	23
第4Q	19	–	18

レバンガ北海道に87−85で競り勝ち、4連勝を飾った。5試合ぶりに先発復帰したライアン・ロシターが21得点を挙げる大車輪の活躍。第4Qは残り3・6秒で85−85の同点とされたが、最後はジェフ・ギブスが決めて粘る北海道を振り切った。

35

北海道	得	③	②	F	R	反
橋 本	6	0	2	2	1	2
ティラ	20	2	3	8	6	4
葛 原	5	1	0	2	6	2
中 野	0	0	0	0	0	3
多 嶋	7	1	1	2	3	2
ファイ	7	0	3	1	6	5
桜 井	5	1	1	0	2	1
中 村	0	0	0	0	0	0
玉 木	2	0	1	0	2	1
山 口	3	1	0	0	0	1
メイヨ	25	3	7	2	9	2
ウィリ	5	0	0	5	5	2
計	85	9	18	22	42	25

宇都宮	得	③	②	F	R	反
ギブス	12	0	4	4	6	3
ピーク	13	3	2	0	2	4
テーブ	7	0	2	3	4	2
遠 藤	4	1	0	1	2	5
竹 内	5	0	2	1	1	2
渡 邉	0	0	0	0	0	0
鵤	10	2	1	2	0	0
ロシタ	21	1	8	2	6	4
喜多川	6	1	1	1	3	1
スコッ	9	0	3	3	10	3
計	87	8	23	17	40	24

F=フリースロー、R=リバウンド。各項目の合計はチームスコアを含む

攻守に精度欠き連勝止まる

vs. シーホース三河

第38戦 **2021.2.27**
（ブレックスアリーナ宇都宮、1974人）

三 河	**85-67**	宇都宮
第1Q	21 - 16	
第2Q	21 - 20	
第3Q	16 - 16	
第4Q	27 - 15	

攻守に精度を欠き、シーホース三河に67−85で苦杯、連勝は6で止まった。前半を36−42で折り返し、第3Qはジェフ・ギブスらが連続9得点を挙げて猛追、第4Qには比江島慎、鵤誠司の3点シュートで追い上げたが及ばなかった。

38

宇都宮	得	③	②	F	R	反
田 臥	0	0	0	0	0	1
ギブス	14	0	6	2	7	2
ピーク	11	2	2	1	4	2
比江島	3	1	0	0	1	0
テーブ	1	0	0	1	0	2
遠 藤	5	1	1	0	1	1
竹 内	2	0	1	0	7	1
渡 邉	13	2	1	5	1	4
鵤	5	1	1	0	3	2
ロシタ	11	1	4	0	6	0
喜多川	0	0	0	0	1	0
スコッ	2	0	1	0	4	2
計	67	8	17	9	36	17

三 河	得	③	②	F	R	反
川 村	2	0	1	0	0	2
柏 木	2	0	1	0	0	1
コリン	11	1	4	0	11	4
長 野	18	4	1	4	4	2
高 橋	7	1	2	0	3	1
熊 谷	0	0	0	0	0	0
金 丸	8	2	1	0	0	0
根 来	0	0	0	0	2	3
ウィテ	15	2	4	1	1	0
シェー	2	0	0	2	1	1
ガード	20	2	6	2	11	1
計	85	12	20	9	35	15

後半に追撃、1点差で振り切る

vs. 京都ハンナリーズ

第37戦 **2021.2.14**
（ブレックスアリーナ宇都宮、1680人）

宇都宮	**72-71**	京 都
第1Q	24 - 21	
第2Q	7 - 15	
第3Q	19 - 19	
第4Q	22 - 16	

京都ハンナリーズとの大接戦を1点差で制した。5点を追う第4Q、渡邉裕規がフリースロー 3本と3点シュートを決めて流れを引き寄せ、1点ビハインドで迎えた残り45秒でライアン・ロシターがゴールを決めて劇的な逆転勝ちを収めた。

37

宇都宮	得	③	②	F	R	反
田 臥	0	0	0	0	0	0
ギブス	7	0	3	1	8	3
ピーク	15	3	3	0	2	3
テーブ	10	0	5	0	1	1
遠 藤	9	3	0	0	1	3
竹 内	0	0	0	0	3	1
渡 邉	9	1	0	6	1	0
鵤	7	0	3	1	0	0
ロシタ	15	0	6	3	14	2
喜多川	0	0	0	0	1	1
計	72	7	20	11	35	14

京 都	得	③	②	F	R	反
寺 嶋	9	1	2	2	4	4
会 田	6	0	3	0	1	0
久保田	0	0	0	0	0	2
松 井	0	0	0	0	0	0
満 田	2	0	0	2	3	1
ライス	19	2	4	5	4	2
細 川	7	1	2	0	3	4
ハーパ	21	1	8	2	7	3
永 吉	7	1	1	2	3	3
計	71	6	20	13	29	19

守備の応酬、我慢が結実

vs. 川崎ブレイブサンダース

第40戦 **2021.3.3**
（とどろきアリーナ、2413人）

宇都宮	**58-54**	川 崎
第1Q	7 - 12	
第2Q	17 - 9	
第3Q	20 - 13	
第4Q	14 - 20	

守備の応酬を制し、川崎ブレイブサンダースに競り勝った。前半を24−21で折り返し、第3Qは遠藤祐亮の3点シュートで44−34とリードを拡大。第4Q終盤には3点差まで詰め寄られたが、守備の集中を切らさず、粘る川崎を振り切った。

40

川 崎	得	③	②	F	R	反
藤 井	10	2	1	2	5	3
篠 山	11	1	3	2	2	2
増 田	6	0	3	0	3	2
辻	3	1	0	0	1	2
カルフ	1	0	0	1	0	1
大 塚	0	0	0	0	1	1
熊 谷	2	0	0	2	0	1
長谷川	0	0	0	0	2	2
アギラ	10	2	2	0	16	1
ヒース	11	0	3	5	8	4
計	54	6	12	12	43	19

宇都宮	得	③	②	F	R	反
ギブス	4	0	2	0	9	2
ピーク	11	1	3	2	0	0
比江島	6	0	2	2	1	2
テーブ	5	1	1	0	2	1
遠 藤	7	2	0	1	2	1
竹 内	0	0	0	0	5	1
渡 邉	10	3	0	1	3	2
鵤	2	0	1	0	0	3
ロシタ	7	1	2	0	12	3
喜多川	2	0	1	0	1	0
スコッ	4	0	1	2	5	2
計	58	8	13	8	43	17

前半のゴールラッシュで雪辱

vs. シーホース三河

第39戦 **2021.2.28**
（ブレックスアリーナ宇都宮、2043人）

宇都宮	**93-84**	三 河
第1Q	28 - 19	
第2Q	27 - 15	
第3Q	17 - 28	
第4Q	21 - 22	

18本の3点シュートを決めてシーホース三河に快勝、前日の雪辱を果たした。第1Qに遠藤祐亮の4本をはじめ、比江島慎、渡邉裕規らが計8本の3点シュートが炸裂。第3Qに一時7点差に詰め寄られたが、竹内公輔の3点シュートなどで突き放した。

39

宇都宮	得	③	②	F	R	反
田 臥	0	0	0	0	0	1
ギブス	13	1	4	2	6	1
ピーク	13	2	3	1	2	2
比江島	10	2	2	0	1	1
テーブ	7	1	2	0	0	0
遠 藤	18	6	0	0	1	3
竹 内	7	1	1	2	5	1
渡 邉	7	2	0	1	1	0
鵤	3	1	0	0	0	5
ロシタ	9	1	3	0	10	2
喜多川	5	1	1	0	3	1
スコッ	1	0	0	1	3	4
計	93	18	16	7	33	21

三 河	得	③	②	F	R	反
川 村	7	2	0	1	2	2
柏 木	5	1	0	2	1	1
コリン	15	1	3	6	10	0
長 野	0	0	0	0	0	2
高 橋	2	0	1	0	1	1
熊 谷	2	0	0	2	0	0
金 丸	23	3	5	4	4	3
根 来	0	0	0	0	0	1
ウィテ	6	0	3	0	1	0
加 藤	0	0	0	0	0	0
シェー	6	0	3	0	5	2
ガード	18	1	5	5	7	2
計	84	8	20	20	33	14

12点差を逆転し4連勝飾る

vs. 島根スサノオマジック

第42戦 **2021.3.7**
（松江市総合体育館、1570人）

宇都宮	**77-73**	島 根
第1Q	22 - 19	
第2Q	15 - 26	
第3Q	24 - 18	
第4Q	16 - 10	

連日の逆転劇で島根スサノオマジックに競り勝ち、4連勝を飾った。第3Q中盤までに一時リードを12点に広げられたが、LJ・ピークが3点シュートを含む連続6得点を挙げて猛追。第4Q3分にテーブス海のレイアップで逆転に成功し、突き放した。

42

島 根	得	③	②	F	R	反
後 藤	3	0	1	1	3	1
山 下	10	1	3	1	2	0
ビュフ	15	1	3	6	5	3
トラビ	17	2	3	5	9	5
阿 部	2	0	0	2	1	1
杉 浦	9	0	3	3	3	2
白 浜	6	0	3	0	4	1
小 阪	0	0	0	0	1	3
ウィア	11	0	5	1	3	5
計	73	4	21	19	33	21

宇都宮	得	③	②	F	R	反
田 臥	2	0	1	0	0	1
ギブス	10	0	2	6	5	3
ピーク	12	3	1	1	4	4
比江島	2	0	1	0	1	1
テーブ	12	2	3	0	3	1
遠 藤	6	2	0	0	1	2
竹 内	4	0	2	0	1	0
渡 邉	2	0	1	0	1	2
鵤	5	1	1	0	1	2
ロシタ	11	1	3	2	3	3
喜多川	0	0	0	0	0	1
スコッ	11	0	4	3	5	2
計	77	9	19	12	32	22

守備で耐え最終Qに逆転

vs. 島根スサノオマジック

第41戦 **2021.3.6**
（松江市総合体育館、1524人）

宇都宮	**72-68**	島 根
第1Q	18 - 22	
第2Q	18 - 10	
第3Q	13 - 27	
第4Q	23 - 9	

島根スサノオマジックに逆転勝ちを収めた。10点を追う最終Q、強度の高い守備でわずか9失点に抑える一方、残り2分30秒にジョシュ・スコットのシュートで65−65の同点、終盤にもスコットのフリースローで得点を重ねた。

41

島 根	得	③	②	F	R	反
後 藤	2	0	1	0	0	0
山 下	4	0	2	0	2	1
ビュフ	10	0	3	4	5	4
トラビ	31	3	10	2	4	3
阿 部	10	2	2	0	3	0
杉 浦	0	0	0	0	1	1
白 浜	3	1	0	0	2	2
小 阪	0	0	0	0	2	1
ウィア	8	0	1	6	7	3
神 里	0	0	0	0	0	0
計	68	6	19	12	30	15

宇都宮	得	③	②	F	R	反
田 臥	0	0	0	0	1	0
ギブス	6	0	1	4	1	0
ピーク	13	0	4	5	4	1
比江島	4	0	2	0	1	1
テーブ	3	1	0	0	1	1
遠 藤	7	1	2	0	6	2
竹 内	4	0	2	0	2	2
渡 邉	0	0	0	0	0	3
鵤	6	0	3	0	2	3
ロシタ	12	0	4	4	1	1
喜多川	0	0	0	0	0	2
スコッ	17	0	7	3	10	1
計	72	2	25	16	35	17

最終Qに逆転、6連勝マーク

第44戦 2021.3.21
（ブレックスアリーナ宇都宮、1971人）

vs. 横浜ビー・コルセアーズ

宇都宮	82-76	横浜
第1Q	16 - 25	
第2Q	22 - 16	
第3Q	21 - 18	
第4Q	23 - 17	

横浜ビー・コルセアーズに逆転勝利を収め、6連勝をマーク。前半は38−41とリードを許したものの、第3Qに59−59の同点。最終Qはジョシュ・スコットのゴールで勝ち越し、比江島慎のバスケットカウントでリードを広げて振り切った。

44

宇都宮	得	③	②	F	R	反
田臥	0	0	0	0	1	0
ギブス	6	0	2	2	5	2
ピーク	6	2	0	0	1	1
比江島	14	3	2	1	2	2
テーブ	2	0	0	2	2	2
遠藤	13	3	2	0	2	0
竹内	4	0	2	0	4	1
渡邉	10	2	0	4	0	2
ロシタ	15	0	6	3	8	1
喜多川	3	1	0	0	0	1
スコッ	9	0	3	3	3	4
計	82	11	17	15	32	16

横浜	得	③	②	F	R	反
アウダ	23	0	9	5	3	3
ストッ	7	1	2	0	2	2
カータ	11	1	4	0	7	1
ベクト	10	0	5	0	11	4
森川	9	1	3	0	4	1
森井	0	0	0	0	2	4
秋山	3	0	0	3	0	1
竹田	2	0	0	2	0	2
須藤	11	3	1	0	0	2
モリス	0	0	0	0	3	0
計	76	6	24	10	34	20

粘りの守備で5連勝、首位キープ

第43戦 2021.3.20
（ブレックスアリーナ宇都宮、2051人）

vs. 横浜ビー・コルセアーズ

宇都宮	77-66	横浜
第1Q	18 - 13	
第2Q	19 - 14	
第3Q	21 - 20	
第4Q	19 - 19	

横浜ビー・コルセアーズに77−66と快勝、5連勝で地区首位をキープした。第2Qに喜多川修平、田臥勇太の得点などでリードを広げ、37−27で折り返し。後半も10得点11リバウンドのダブルダブルをマークしたライアン・ロシターらの活躍で得点を重ねた。

43

宇都宮	得	③	②	F	R	反
田臥	2	0	1	0	0	0
ギブス	8	0	3	2	8	2
ピーク	11	1	3	2	4	3
比江島	10	1	3	1	1	1
テーブ	8	1	2	1	0	4
遠藤	0	0	0	0	0	1
竹内	2	0	1	0	5	2
荒谷	0	0	0	0	0	0
渡邉	3	1	0	0	0	1
ロシタ	10	0	1	8	11	0
喜多川	11	2	2	1	1	1
スコッ	12	0	5	2	6	2
計	77	6	21	17	42	17

横浜	得	③	②	F	R	反
アウダ	13	0	3	7	4	4
ストッ	0	0	0	0	0	0
カータ	20	0	10	0	5	2
ベクト	17	1	6	2	9	4
森川	6	2	0	0	1	2
森井	0	0	0	0	3	4
秋山	0	0	0	0	0	3
竹田	2	0	1	0	0	2
須藤	8	2	1	0	2	4
モリス	0	0	0	0	0	0
計	66	5	21	9	28	25

守備の強度落ちず圧勝

第46戦 2021.3.27
（ブレックスアリーナ宇都宮、1831人）

vs. 三遠ネオフェニックス

宇都宮	99-55	三遠
第1Q	24 - 17	
第2Q	22 - 12	
第3Q	21 - 13	
第4Q	32 - 13	

三遠ネオフェニックスを寄せ付けず、99−55と圧勝した。前、後半とも守備の強度を落とすことなく攻撃でも躍動。21得点を挙げたLJ・ピークら4人が2桁得点の活躍を見せた。

46

宇都宮	得	③	②	F	R	反
田臥	0	0	0	0	0	1
ギブス	12	0	5	2	7	0
ピーク	21	4	2	5	1	2
比江島	8	0	4	0	3	0
テーブ	14	0	5	4	1	2
遠藤	0	0	0	0	0	2
竹内	0	0	0	0	5	2
渡邉	8	2	0	2	0	1
鵤	8	2	1	0	1	0
ロシタ	8	0	4	0	13	2
喜多川	4	0	1	2	1	1
スコッ	16	0	6	4	7	1
計	99	8	28	19	42	14

三遠	得	③	②	F	R	反
山本柊	0	0	0	0	1	1
寺園	4	0	2	0	3	4
川嶋	7	1	2	0	0	3
太田	3	0	0	3	1	3
ミリェ	10	0	5	0	2	2
岡田	0	0	0	0	2	2
鈴木達	3	1	0	0	0	2
常田	0	0	0	0	1	0
ハント	2	0	1	0	10	1
鈴木空	0	0	0	0	0	0
津屋	6	1	1	1	0	2
イェロ	20	2	4	6	6	3
計	55	5	15	10	30	23

猛追及ばず連勝6で止まる

第45戦 2021.3.24
（富山市総合体育館、2378人）

vs. 富山グラウジーズ

富山	90-85	宇都宮
第1Q	20 - 18	
第2Q	26 - 14	
第3Q	17 - 30	
第4Q	27 - 23	

富山グラウジーズに85-90で競り負け、7連勝は成らなかった。前半は相手の外角シュートに苦しみ、32−46で折り返し。第3Qにジョシュ・スコットの速攻、ライアン・ロシターの3点シュートなど30得点を挙げて猛追したものの一歩及ばなかった。

45

富山	得	③	②	F	R	反
水戸	2	0	1	0	2	1
宇都	6	0	2	2	0	1
前田	5	0	1	3	3	1
松脇	9	3	0	0	2	2
橋本	8	2	1	0	4	3
マブン	23	2	8	1	10	1
スミス	26	0	9	8	11	3
岡田	11	3	1	0	1	1
計	90	10	23	14	37	13

宇都宮	得	③	②	F	R	反
ギブス	6	0	3	0	7	3
ピーク	11	1	4	0	3	2
比江島	3	1	0	0	1	3
テーブ	0	0	0	0	0	1
遠藤	8	2	1	0	2	1
竹内	2	0	1	0	6	1
渡邉	11	3	1	0	0	1
鵤	13	1	5	0	3	3
ロシタ	18	3	4	1	7	3
喜多川	0	0	0	0	0	0
スコッ	13	0	4	5	7	2
計	85	11	23	6	40	20

追撃振り切り3連勝飾る

第48戦 2021.3.31
（横浜国際プール、1606人）

vs. 横浜ビー・コルセアーズ

宇都宮	76-64	横浜
第1Q	23 - 11	
第2Q	22 - 8	
第3Q	20 - 24	
第4Q	11 - 21	

横浜ビー・コルセアーズの追撃を76−64で振り切り3連勝を飾った。第3Qは3本の3点シュートを許し、第4Qも相手にファールを連発するなど苦しんだが、前半の貯金を生かして追撃を振り切った。

48

横浜	得	③	②	F	R	反
アウダ	8	0	3	2	4	1
ストッ	0	0	0	0	0	0
カータ	17	2	5	1	7	0
ベクト	11	0	4	3	8	4
森川	13	1	4	2	2	2
チェン	10	2	1	2	2	1
森井	2	0	1	0	2	2
竹田	3	1	0	0	1	2
須藤	0	0	0	0	2	1
モリス	0	0	0	0	1	0
小原	0	0	0	0	0	3
計	64	6	18	10	35	16

宇都宮	得	③	②	F	R	反
ギブス	6	0	3	0	5	1
ピーク	8	1	1	3	0	0
比江島	4	0	2	0	1	1
テーブ	0	0	0	0	1	2
遠藤	5	1	0	2	0	2
竹内	4	0	1	2	5	1
渡邉	6	2	0	0	1	2
鵤	5	1	1	0	0	3
ロシタ	13	1	4	2	10	0
喜多川	4	1	0	1	3	1
スコッ	21	0	9	3	9	3
計	76	7	21	13	39	16

全員得点で連日の圧勝

第47戦 2021.3.28
（ブレックスアリーナ宇都宮、1821人）

vs. 三遠ネオフェニックス

宇都宮	96-64	三遠
第1Q	32 - 17	
第2Q	28 - 19	
第3Q	23 - 11	
第4Q	13 - 17	

出場12人全員が得点をマークし、前日に続き三遠ネオフェニックスに圧勝。特に第1Qは立ち上がりに遠藤祐亮が連続3点シュートを決めたほか、LJ・ピーク、テーブス海らが得点を重ねて32−17と一気に突き放す猛攻を見せた。

47

宇都宮	得	③	②	F	R	反
田臥	2	0	1	0	0	0
ギブス	9	1	3	0	7	0
ピーク	8	2	1	0	2	2
比江島	11	0	5	1	2	2
テーブ	13	3	2	0	0	0
遠藤	9	2	1	1	2	2
竹内	10	1	3	1	6	0
渡邉	3	1	0	0	1	3
鵤	2	0	1	0	1	3
ロシタ	14	0	6	2	2	1
喜多川	2	0	1	0	2	1
スコッ	13	0	4	5	7	0
計	96	10	28	10	35	14

三遠	得	③	②	F	R	反
山本柊	0	0	0	0	0	1
寺園	0	0	0	0	1	0
川嶋	13	3	2	0	0	3
太田	6	0	2	2	2	5
ミリェ	15	0	6	3	4	2
岡田	0	0	0	0	1	0
鈴木達	2	0	0	2	1	1
ハント	28	0	13	2	10	3
鈴木空	0	0	0	0	0	0
津屋	0	0	0	0	1	1
イェロ	0	0	0	0	2	0
計	64	3	23	9	28	16

F=フリースロー、R=リバウンド。各項目の合計はチームスコアを含む

CS出場リーグ一番乗り決める

vs. 名古屋ダイヤモンドドルフィンズ

50

第50戦 **2021.4.4**
(日環アリーナ栃木、2502人)

宇都宮 80-61 名古屋D

	宇都宮		名古屋D
第1Q	20	–	22
第2Q	12	–	14
第3Q	25	–	4
第4Q	23	–	21

名古屋ダイヤモンドドルフィンズに逆転勝ちを収め、リーグ一番乗りでチャンピオンシップ出場を決めた。4点を追う第3Q、LJ・ピークの3点プレーや渡邉裕規の3点シュートなど連続9得点で逆転。失点も4点に抑えて一気に突き放した。

宇都宮	得	③	②	F	R	反
田 臥	0	0	0	0	0	0
ギブス	4	0	2	0	10	2
ピーク	17	2	5	1	3	1
比江島	8	1	2	1	2	1
テーブ	11	3	1	0	3	0
竹 内	5	0	2	1	2	3
荒 谷	3	1	0	0	0	0
渡 邉	7	1	1	2	0	2
鵤	4	0	2	0	0	2
ロシタ	11	0	4	3	8	1
喜多川	0	0	0	0	0	3
スコッ	10	0	5	0	12	0
計	80	8	24	8	45	15

名古屋D	得	③	②	F	R	反
小 林	2	0	1	0	2	0
エアー	23	0	10	3	6	2
張 本	3	1	0	0	0	2
安 藤	5	1	1	0	1	4
ライオ	5	0	2	1	8	1
中 東	8	0	2	4	1	0
笹 山	4	0	2	0	0	1
バーレ	5	0	2	1	10	2
木 下	0	0	0	0	0	0
狩 野	6	1	1	1	1	1
計	61	3	21	10	33	13

B1 200勝挙げCS進出に王手

vs. 名古屋ダイヤモンドドルフィンズ

49

第49戦 **2021.4.3**
(日環アリーナ栃木、2464人)

宇都宮 88-69 名古屋D

	宇都宮		名古屋D
第1Q	23	–	19
第2Q	18	–	12
第3Q	19	–	20
第4Q	28	–	18

名古屋ダイヤモンドドルフィンズに88−69で快勝、B1通算200勝を挙げ、チャンピオンシップ進出に王手をかけた。特に第4Qは序盤から渡邉裕規の3点シュート、竹内公輔の3点プレーなどで連続11得点と圧倒した。

宇都宮	得	③	②	F	R	反
田 臥	2	0	1	0	0	2
ギブス	12	1	3	3	1	2
ピーク	5	1	1	0	3	3
比江島	9	3	0	0	2	3
テーブ	8	2	1	0	2	0
遠 藤	0	0	0	0	1	1
竹 内	9	0	4	1	4	2
渡 邉	10	2	1	2	1	1
鵤	4	1	0	1	1	0
ロシタ	11	0	5	1	4	1
喜多川	4	0	2	0	2	0
スコッ	14	0	7	0	4	2
計	88	10	25	8	29	17

名古屋D	得	③	②	F	R	反
小 林	0	0	0	0	0	0
斎 藤	16	2	5	0	1	2
エアー	7	1	1	2	9	2
張 本	1	0	0	1	1	0
安 藤	11	1	2	4	5	2
ライオ	17	1	4	6	4	3
中 東	3	0	1	1	5	0
笹 山	4	0	2	0	1	0
バーレ	7	0	3	1	9	1
狩 野	3	1	0	0	0	0
計	69	6	18	15	40	10

ベテラン勢が躍動、7連勝飾る

vs. レバンガ北海道

52

第52戦 **2021.4.11**
(北海きたえーる、2761人)

宇都宮 81-76 北海道

	宇都宮		北海道
第1Q	18	–	18
第2Q	12	–	12
第3Q	26	–	21
第4Q	25	–	25

ベテラン勢が要所で躍動、レバンガ北海道を81−76で振り切り7連勝を飾った。前半は互角の展開で30−30で折り返し。後半はジェフ・ギブスがインサイドを崩し、竹内公輔がミドルシュートを決めるなどベテラン勢の活躍で優位に立ち、そのまま逃げ切った。

北海道	得	③	②	F	R	反
テイラ	29	1	10	6	7	4
牧	0	0	0	0	1	0
葛 原	6	0	3	0	3	3
中 野	10	1	2	3	3	3
多 嶋	3	0	1	1	1	1
ファイ	4	0	2	0	2	3
桜 井	2	0	1	0	0	0
玉 木	0	0	0	0	0	4
メイヨ	22	2	6	4	6	0
計	76	4	25	14	29	18

宇都宮	得	③	②	F	R	反
田 臥	0	0	0	0	0	1
ギブス	19	0	6	7	7	1
ピーク	9	1	3	0	3	1
比江島	5	0	2	1	1	4
テーブ	7	1	2	0	3	2
遠 藤	6	2	0	0	1	3
竹 内	8	0	4	0	7	2
渡 邉	3	1	0	0	2	2
鵤	8	0	4	0	0	1
ロシタ	4	0	1	2	6	0
喜多川	3	1	0	0	0	1
スコッ	9	0	4	1	14	3
計	81	6	26	11	49	21

序盤の攻防制し6連勝マーク

vs. レバンガ北海道

51

第51戦 **2021.4.10**
(北海きたえーる、2592人)

宇都宮 90-75 北海道

	宇都宮		北海道
第1Q	23	–	15
第2Q	25	–	18
第3Q	24	–	29
第4Q	18	–	13

レバンガ北海道との序盤の攻防を制し、6連勝を飾った。後半に入ると北海道の外国籍選手を中心とした攻撃に手を焼いたものの、ジェフ・ギブスのタフショット、渡邉裕規の3点シュートなどで振り切った。

北海道	得	③	②	F	R	反
テイラ	23	2	7	3	7	3
牧	5	1	1	0	2	1
葛 原	12	1	3	3	2	3
中 野	8	2	0	2	1	2
多 嶋	8	1	2	1	2	1
ファイ	0	0	0	0	4	4
桜 井	0	0	0	0	0	4
玉 木	0	0	0	0	1	4
メイヨ	19	0	6	7	9	0
計	75	7	19	16	31	22

宇都宮	得	③	②	F	R	反
田 臥	0	0	0	0	0	2
ギブス	9	0	3	3	5	3
ピーク	11	1	3	2	5	2
比江島	12	3	1	1	4	2
テーブ	4	1	0	1	3	3
遠 藤	11	3	1	0	1	0
竹 内	6	0	3	0	9	2
渡 邉	7	1	2	0	0	1
鵤	5	1	1	0	3	2
ロシタ	6	0	2	2	3	2
喜多川	3	1	0	0	0	2
スコッ	16	0	6	4	8	0
計	90	11	22	13	50	21

リーグ史上最大点差で9連勝

vs. 富山グラウジーズ

54

第54戦 **2021.4.16**
(富山市総合体育館、2079人)

宇都宮 119-62 富 山

	宇都宮		富山
第1Q	27	–	18
第2Q	25	–	8
第3Q	34	–	13
第4Q	33	–	23

富山グラウジーズを相手にBリーグ最大点差となる57点差をつけて圧勝、9連勝をマークした。第2Qに連続18得点を挙げて波に乗り、第3Qは34得点、第4Qには33得点を挙げて富山を一蹴した。

富 山	得	③	②	F	R	反
山 口	2	0	1	0	0	2
飴 谷	8	1	2	1	4	4
阿 部	14	3	2	1	0	1
水 戸	4	0	1	2	1	0
上 沢	2	0	0	2	0	4
宇 都	6	0	3	0	1	2
前 田	5	1	0	2	3	1
松 脇	8	2	1	0	2	0
橋 本	2	0	1	0	2	2
城 宝	5	1	1	0	1	2
岡 田	6	0	1	4	1	1
計	62	8	13	12	16	19

宇都宮	得	③	②	F	R	反
田 臥	2	0	1	0	0	1
ギブス	15	1	5	2	8	0
ピーク	11	0	5	1	1	3
比江島	15	1	6	0	1	3
テーブ	2	0	0	2	3	1
遠 藤	5	1	1	0	1	3
竹 内	14	0	6	2	9	1
渡 邉	3	1	0	0	0	1
鵤	7	1	2	0	1	0
ロシタ	9	0	4	1	9	0
喜多川	12	1	3	3	1	2
スコッ	24	0	10	4	11	1
計	119	6	43	15	51	16

猛追をかわしホーム通算100勝目

vs. 横浜ビー・コルセアーズ

53

第53戦 **2021.4.14**
(ブレックスアリーナ宇都宮、1762人)

宇都宮 77-71 横 浜

	宇都宮		横浜
第1Q	17	–	17
第2Q	26	–	10
第3Q	20	–	22
第4Q	14	–	22

横浜ビー・コルセアーズとの接戦を77−71で制し、ホーム通算100勝目をマークした。第1Qは17−17だったが、第2Qにジェフ・ギブスがゴール下を攻めて優位に立ち、第4Qの猛追をしのいで逃げ切った。

宇都宮	得	③	②	F	R	反
ギブス	13	0	5	3	7	2
ピーク	5	0	2	1	1	3
比江島	6	1	1	1	2	2
テーブ	2	0	0	2	1	2
遠 藤	0	0	0	0	1	1
竹 内	3	0	1	1	4	3
渡 邉	6	2	0	0	1	1
鵤	2	0	1	0	2	1
ロシタ	11	0	5	1	7	2
喜多川	7	1	1	2	0	0
スコッ	22	0	8	6	7	2
計	77	4	24	17	37	20

横 浜	得	③	②	F	R	反
アウダ	14	0	5	4	5	1
ストッ	0	0	0	0	0	1
カータ	10	1	2	3	12	2
ベクト	15	0	6	3	7	4
森 川	19	2	5	3	0	2
チェン	8	2	1	0	1	3
森 井	2	0	1	0	3	1
竹 田	0	0	0	0	1	1
須 藤	1	0	0	1	1	3
生 原	2	0	1	0	2	5
計	71	5	21	14	33	23

3戦連続100点ゲームで圧勝

第56戦 **2021.4.21**
（ブレックスアリーナ宇都宮、1946人）

vs. 秋田ノーザンハピネッツ

宇都宮 104 - 73 秋田

第1Q	23	－	15
第2Q	23	－	20
第3Q	26	－	19
第4Q	32	－	19

秋田ノーザンハピネッツを相手に3戦連続の100点ゲームとなる104−73で圧勝した。圧巻は第4Qで、LJ・ピークが連続して3点シュートを決め、荒谷裕秀のドライブで100点の大台に乗せるなど、このクォーター 32点を挙げて突き放した。

56

宇都宮	得	③	②	F	R	反
ギブス	6	0	3	0	9	2
ピーク	10	2	1	2	2	2
比江島	19	1	7	2	0	2
テーブ	5	1	0	2	3	3
遠藤	12	2	2	2	2	1
竹内	8	0	3	2	5	2
荒谷	4	0	2	0	0	2
渡邉	3	1	0	0	1	2
鵤	5	0	2	1	0	2
ロシタ	13	0	5	3	7	2
喜多川	3	1	0	0	1	1
スコッ	16	0	6	4	5	1
計	104	8	31	18	38	22

秋田	得	③	②	F	R	反
土偉嘉	2	0	1	0	3	0
大浦	8	2	1	0	1	2
細谷	4	0	1	2	0	1
野本	6	0	2	2	3	3
ディビ	16	0	6	4	11	1
中山	8	0	4	0	1	1
長谷川	6	0	2	2	1	2
多田	9	3	0	0	0	0
保岡	2	0	0	2	0	4
カータ	8	1	2	1	4	2
古川	4	0	2	0	1	4
計	73	6	21	13	27	20

制空権握り100点ゲームで快勝

第55戦 **2021.4.17**
（富山市総合体育館、2293人）

vs. 富山グラウジーズ

宇都宮 107 - 81 富山

第1Q	32	－	19
第2Q	21	－	15
第3Q	32	－	26
第4Q	22	－	21

富山グラウジーズに連日の100点ゲームで圧勝、地区優勝マジックを「1」とした。ゲーム開始早々からジョシュ・スコットらがゴール下を支配し、第1Qを32−19で圧倒。第3Qにも竹内公輔のダンクや喜多川修平の3点シュートなどで32得点を挙げた。

55

富山	得	③	②	F	R	反
山口	0	0	0	0	3	0
飴谷	10	2	1	2	3	4
阿部	2	0	1	0	1	1
水戸	9	2	1	1	1	3
上沢	0	0	0	0	0	0
宇都	26	0	8	10	3	4
前田	16	2	4	2	7	4
松脇	6	1	1	1	1	0
城宝	3	1	0	0	0	2
岡田	9	1	2	2	1	0
計	81	9	18	18	24	18

宇都宮	得	③	②	F	R	反
田臥	0	0	0	0	1	2
ギブス	13	0	3	7	9	3
ピーク	12	1	4	1	1	1
比江島	5	1	1	0	0	2
テーブ	14	2	3	2	6	2
遠藤	3	1	0	0	0	1
竹内	12	0	4	4	4	1
渡邉	6	2	0	0	0	1
鵤	5	1	1	0	1	2
ロシタ	4	0	2	0	7	1
喜多川	9	3	0	0	1	3
スコッ	24	0	9	6	12	0
計	107	11	27	20	44	19

主導権を奪われ連敗喫す

第58戦 **2021.4.25**
（ブレックスアリーナ宇都宮、2142人）

vs. 川崎ブレイブサンダース

川崎 75 - 67 宇都宮

第1Q	17	－	17
第2Q	18	－	10
第3Q	24	－	20
第4Q	16	－	20

川崎ブレイブサンダースに主導権を奪われ、67−75で連敗を喫した。第1Qは17−17と互角の展開。第2、第3Qは主導権を奪われ、第4Qにライアン・ロシターの3点プレーで5点差まで迫ったが、追い上げもそこまでだった。

58

宇都宮	得	③	②	F	R	反
田臥	0	0	0	0	0	0
ギブス	5	0	1	3	6	0
ピーク	13	3	2	0	1	3
比江島	5	0	2	1	1	5
テーブ	2	0	1	0	1	2
遠藤	12	4	0	0	2	4
竹内	2	0	1	0	2	0
渡邉	3	1	0	0	0	3
鵤	2	0	1	0	1	2
ロシタ	12	0	4	4	14	0
喜多川	0	0	0	0	0	0
スコッ	11	0	4	3	12	1
計	67	8	16	11	43	20

川崎	得	③	②	F	R	反
藤井	0	0	0	0	0	1
篠山	10	1	2	3	2	2
増田	8	0	2	4	1	2
辻	10	2	1	2	1	2
ファジ	12	2	3	0	6	3
熊谷	0	0	0	0	1	1
長谷川	0	0	0	0	0	2
アギラ	19	1	7	2	11	3
ヒース	16	2	4	2	10	2
計	75	8	19	13	39	18

1点差で惜敗、12連勝逃す

第57戦 **2021.4.24**
（ブレックスアリーナ宇都宮、2110人）

vs. 川崎ブレイブサンダース

川崎 58 - 57 宇都宮

第1Q	14	－	10
第2Q	13	－	16
第3Q	19	－	11
第4Q	12	－	20

川崎ブレイブサンダースに1点差で惜敗、12連勝を逃した。前半から激しい守備の応酬となり、前半を26−27で折り返し。第3Qに中盤の相次ぐパスミスから連続11失点を喫したことが大きく響き、第4Qの猛追も一歩及ばなかった。

57

宇都宮	得	③	②	F	R	反
田臥	0	0	0	0	0	1
ギブス	8	0	4	0	5	1
ピーク	2	0	1	0	2	2
比江島	3	0	1	1	7	3
テーブ	0	0	0	0	3	2
遠藤	6	2	0	0	4	2
竹内	0	0	0	0	4	1
渡邉	3	1	0	0	1	3
鵤	3	1	0	0	0	2
ロシタ	13	3	2	0	11	2
喜多川	6	2	0	0	0	0
スコッ	13	0	6	1	6	2
計	57	9	14	2	48	21

川崎	得	③	②	F	R	反
藤井	6	1	1	1	3	2
青木	0	0	0	0	0	0
篠山	3	0	1	1	1	1
増田	2	0	1	0	2	1
辻	5	1	1	0	1	1
ファジ	26	1	10	3	16	1
大塚	0	0	0	0	0	0
熊谷	0	0	0	0	1	0
長谷川	3	1	0	0	2	1
アギラ	9	1	2	2	6	4
ヒース	4	0	1	2	5	2
計	58	5	17	9	40	13

自力で再逆転、最終戦白星で飾る

第60戦 **2021.5.2**
（CNAアリーナ☆あきた、1870人）

vs. 秋田ノーザンハピネッツ

宇都宮 73 - 66 秋田

第1Q	13	－	12
第2Q	19	－	15
第3Q	21	－	24
第4Q	20	－	15

秋田ノーザンハピネッツを再逆転で73−66と下し、レギュラーシーズン最終戦を白星で飾った。第2Qは相手の激しい守備に苦しみ、一時逆転を許したが、ライアン・ロシターのスチールなどから得点を重ね再逆転に成功。流れを渡すことなく逃げ切った。

60

秋田	得	③	②	F	R	反
大浦	8	2	1	0	4	1
細谷	2	0	1	0	0	0
野本	0	0	0	0	1	5
デイビ	10	0	4	2	7	3
伊藤	0	0	0	0	0	0
中山	4	0	1	2	4	5
長谷川	9	1	2	2	2	1
保岡	3	1	0	0	1	2
カータ	15	1	6	0	10	3
古川	15	2	4	1	2	3
計	66	7	19	7	32	23

宇都宮	得	③	②	F	R	反
田臥	0	0	0	0	0	1
ギブス	11	0	4	3	3	1
ピーク	17	1	6	2	3	0
比江島	6	0	2	2	1	3
テーブ	2	0	1	0	0	0
竹内	4	0	2	0	3	2
渡邉	0	0	0	0	2	2
鵤	7	1	2	0	0	3
ロシタ	13	0	5	3	5	1
喜多川	2	0	1	0	0	2
スコッ	11	0	3	5	12	2
計	73	2	26	15	33	17

4人が2桁得点、3戦ぶり白星

第59戦 **2021.5.1**
（CNAアリーナ☆あきた、1709人）

vs. 秋田ノーザンハピネッツ

宇都宮 86 - 69 秋田

第1Q	20	－	16
第2Q	29	－	21
第3Q	18	－	15
第4Q	19	－	17

秋田ノーザンハピネッツに86−69と快勝、3試合ぶりの白星をマークした。第2Qに一時逆転を許したものの、中盤以降に比江島慎のアタックなどで連続11得点を奪うなど圧倒。後半も攻撃の手を緩めず、17得点の比江島をはじめ4人が2桁得点をマークした。

59

秋田	得	③	②	F	R	反
土偉嘉	0	0	0	0	2	1
大浦	11	3	1	0	1	1
細谷	11	3	1	0	0	0
野本	0	0	0	0	0	3
デイビ	12	0	5	2	8	3
伊藤	2	0	1	0	0	0
中山	9	1	2	2	2	2
長谷川	0	0	0	0	0	2
多田	3	1	0	0	0	0
保岡	2	0	1	0	1	4
カータ	12	1	4	1	6	3
古川	7	1	1	2	1	1
計	69	10	16	7	26	20

宇都宮	得	③	②	F	R	反
田臥	0	0	0	0	0	1
ギブス	8	0	2	4	5	2
ピーク	13	1	4	2	2	1
比江島	17	2	5	1	2	2
テーブ	7	1	2	0	2	1
竹内	2	0	1	0	1	2
荒谷	0	0	0	0	0	0
渡邉	5	1	1	0	0	2
鵤	7	1	1	2	1	3
ロシタ	15	1	5	2	5	2
喜多川	2	0	1	0	0	0
スコッ	10	0	4	2	6	1
計	86	7	26	13	27	17

F=フリースロー、R=リバウンド。各項目の合計はチームスコアを含む

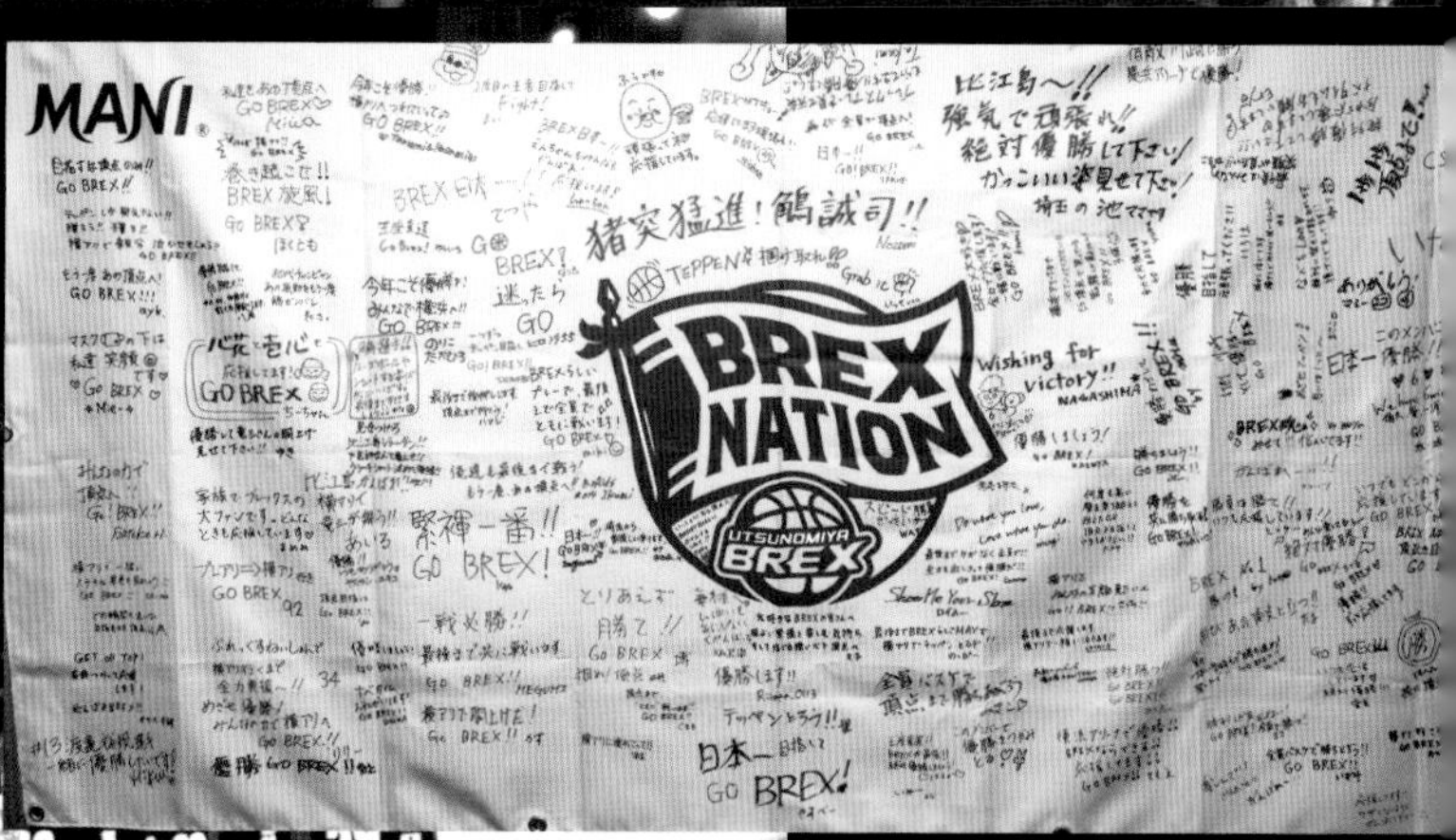
MANI
BREX NATION
UTSUNOMIYA BREX
猪突猛進！鶴誠司!!
Wishing for victory!!
日本一 GO BREX!

GO BREX!
MANI
NSK ナカニシ
NSK ナカニシ

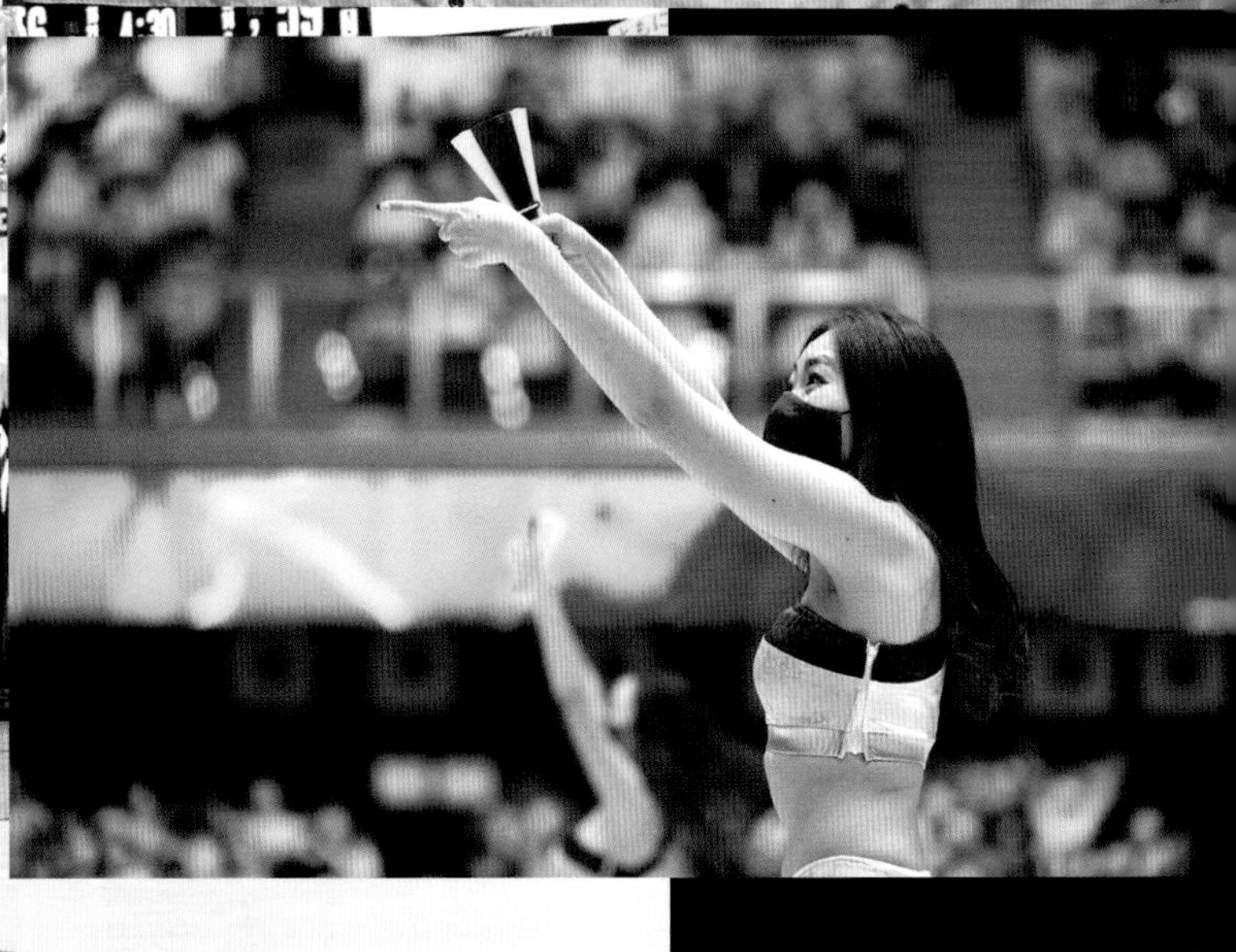

Utsunomiya Brex Cheerleader BREXY ブレクシー

宇都宮ブレックス

2021.6.6 ブレックスアリーナ宇都宮

2020-21シーズン ファン感謝DAY

BREX ARENA UTSUN
BREX
NATION
UTSUNOMIYA
BREX

UTSU OMIYA BREX CH ADER

2020-21 BREX NATION

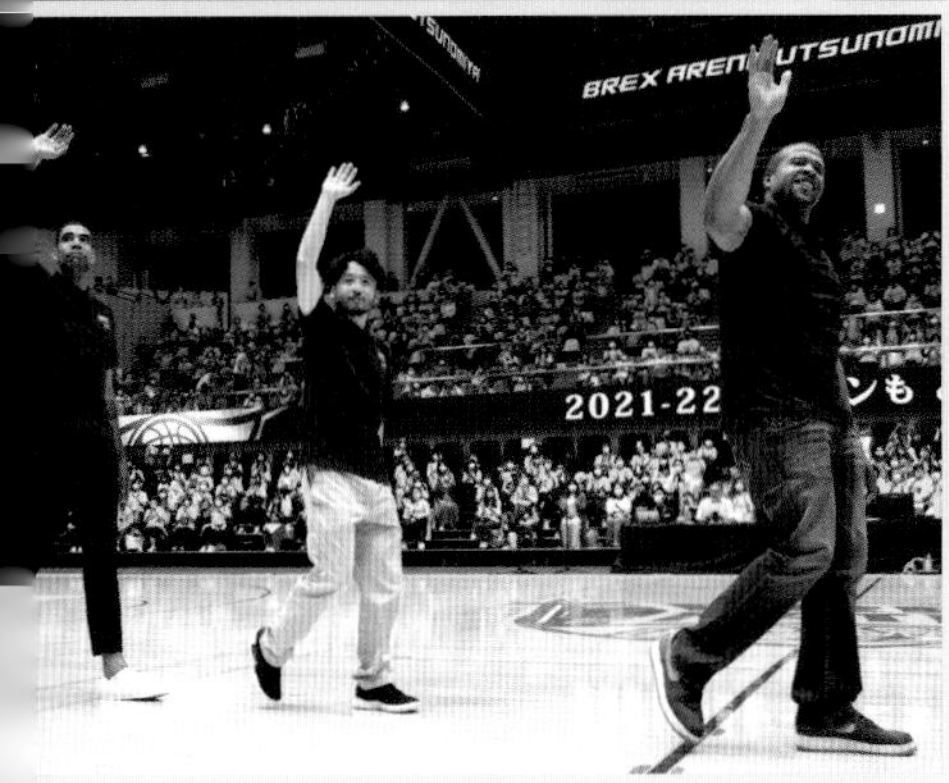

2020-21シーズン
ファン感謝DAY

2020-21シーズン
ファン感謝DAY

ファン感謝DAY

UTSUNOMIYA BREX
TOYOTA WOODYOU HOME
ファン感謝DAY
BREX

FACE MASH

FACE MASH

FACE MASH

2020-21シーズン
ファン感謝DAY

2020-21シーズン

ALL TOCHIGI ATHLETE MAGAZINE

SPRIDE

スプライド特別号

【 UTSUNOMIYA BREX SEASON MEMORIES 】

宇都宮ブレックス シーズンメモリーズ

2020-21
BREX MENTALITY
戦い続ける魂

2021年6月25日　初版第１刷　発行

STAFF

編集・発行	下野新聞社 〒320-8686　栃木県宇都宮市昭和１-8-11 TEL.028-625-1135（コンテンツ創造部） https://www.shimotsuke.co.jp
ライター	藤井洋子（スプライド特別号編集長） 青柳修　（下野新聞社 写真映像部） 伊藤慧　（下野新聞社 運動部）
フォトグラファー	山田壮司 下野新聞社 写真映像部
アートディレクター	宇梶敏子（Teetz）
デザイナー	大橋敏明（スタジオオオハシ制作）
流通・販売担当	斎藤晴彦（下野新聞社コンテンツ創造部）
印刷・製本	株式会社　井上総合印刷